別冊　問題

大学入試

全レベル問題集
古　文

3 私大標準レベル

Obunsha

目次

古文ジャンル解説

古文の作品は、大まかに**「説話」「物語」「日記」「随筆」「評論」**の五つのジャンルに分類することができます。ジャンルごとに特徴があるので、それぞれの特徴を知っておくと、読解の助けとなり、短い試験時間の中で正解を出すのに有利になります。

問題を解き始める前に、前書き（古文本文の前に示される説明文）や古文本文の最後に書かれている作品名（出典）を必ず確認しましょう。その作品のジャンルがわかる場合は、ジャンルの特徴や読むときの注意事項を頭に置きながら読み進めます。ジャンルがわからない場合や、作品名が書かれていない場合は、主語や主旨を問う設問などを参考にして、ジャンルを知る手がかりを見つけながら読み進めます。本書は、問題をジャンル別に掲載しています。本書をとおして、**ジャンルを意識した読み方**を身につけましょう。

説話

説話とは、伝説や民話を編者がまとめたものです。世事一般を扱いさまざまな階層の人々の姿を描いた**世俗説話**と、仏教信仰を広めるために書かれた**仏教説話**とに、大きく分けられます。どちらも意図を持って語られており、そこに教訓を読み取ることができます。

◎代表的な作品
世俗説話集＝唐《から》物語・宇治拾遺《うじしゅうい》物語・今《いま》物語・十訓抄《じつきんしょう》・古今著聞集《ここんちよもんじゅう》
仏教説話集＝発心集《ほつしんしゅう》・閑居友《かんきよのとも》・撰集抄《せんじゅうしょう》・沙石集《しやせきしゅう》
世俗説話・仏教説話とも収録した説話集＝今昔《こんじやく》物語集・古本《こほん》説話集

読解ポイント **編者の評価**

一話一話が比較的短く、入試に出題されるときも一話完結の形をとります。主人公の言動が中心に描かれ、長々とした心情描写などは少ないのが特徴です。

文章の構成としては、まず主人公が紹介されます。そして、主人公が出来事に遭遇し、それに対して発言したり行動したりします。最後に、**その言動に対する編者の評価や感想、教訓**が述べられます。編者の評価や感想、教訓を読み取ることが、重要な読解ポイントとなります。

1 主人公の置かれた状況を読み取る（前提）
2 出来事と主人公の言動を読み取る（発端・展開）
▽「動詞」に着眼して、主人公の行動を読み進めます。
3 編者の評価や感想、教訓を読み取る（結末）
▽「形容詞」などに着眼して、評価や感想、教訓を読み取ります。

物語

物語は、いくつかの種類に分類することができます。中でも入試で多く出題されるのは、作り物語と歌物語です。**作り物語**は、虚構の物語で、多くは長編です。**歌物語**は、和歌の詞書《ことばがき》（説明文）が発達した、和歌を中心とした物語です。

物語には他に、歴史的事実を物語風に描いた**歴史物語**、武士たちの合戦を主題にした**軍記物語**などがあります。

◎代表的な作品
作り物語＝竹取《たけとり》物語・うつほ物語・落窪《おちくぼ》物語・源氏《げんじ》物語・狭衣《さごろも》物語・堤中《つつみちゅう》納言《なごん》物語
歌物語　＝伊勢《いせ》物語・大和《やまと》物語・平中《へいちゅう》物語
歴史物語＝栄花《えいが》物語・大鏡《おおかがみ》・今鏡《いまかがみ》・水鏡《みずかがみ》・増鏡《ますかがみ》
軍記物語＝保元《ほうげん》物語・平治《へいじ》物語・平家《へいけ》物語・太平記《たいへいき》

読解ポイント　登場人物の心情

作り物語は、多くは長編で、入試では一部分が切り取られて出題されます。そのため、多くの場合、前書きがあり、**人物関係やそれまでの経緯**が説明されています。ですから、まず、前書きの内容をきちんと読み取ることが必要です。

そのうえで、本文に書かれた状況の変化と、その変化を受けた**登場人物の心情**を読み取ります。登場人物の心情を描くのが、作り物語の特徴です。

歌物語は、一話一話が比較的短く、入試で出題されるときは一話完結の形をとります。前書きはない場合が多いので、本文から人物関係や状況を把握して、**歌に詠まれた心情**を読み取ります。

作り物語

1 前書きや注から人物関係や状況を読み取る
▽人物関係図があれば参照し、なければ自分で簡単に書きます。

2 本文から状況の変化を読み取る
▽時間の経過や状況の変化などを把握し、場面を確認します。
▽それぞれの場面（段落）の主要な人物を把握します。

3 変化に応じた人物の心情を読み取る
▽因果関係を理解し、人物の心情を読み取ります。

歌物語

1 本文から人物関係を読み取る
▽人物関係の把握によって、状況や心情の理解を深めます。

2 歌の詠まれた状況を読み取る

3 歌に詠まれた心情を読み取る

▽和歌の前後の文章も手がかりにして、掛詞《かけことば》などの修辞を見つけます。修辞は、強調したい部分に用いられるので、心情を読み取るヒントになります。

日記

日記とは、自分の身の周りで起きた出来事を回想的に記したもので、旅行中の見聞や感想を記した**紀行文**や、個人の和歌を集めた**私家集**のうち詞書が長く日記的要素の強いものも、日記のジャンルに含まれます。

◎代表的な作品

日記　＝土佐《とさ》日記・蜻蛉《かげろう》日記・和泉式部《いずみしきぶ》日記・紫式部《むらさきしきぶ》日記・更級《さらしな》日記・讃岐典侍《さぬきのすけ》日記・うたたね

紀行文＝海道記《かいどうき》・十六夜《いざよい》日記・都《みやこ》のつと・筑紫道記《つくしみちのき》

私家集＝四条宮下野集《しじょうのみやのしもつけしゅう》・成尋阿闍梨母集《じょうじんあじゃりのははのしゅう》・建礼門院右京大夫集《けんれいもんいんうきょうのだいぶしゅう》

読解ポイント 「私」(＝筆者)の心情

入試では長い作品の一部が切り取られて出題されるので、多くの場合、前書きがあります。まず、前書きで**人物関係やそれまでの経緯**を読み取ります。

日記の最大の特徴は、「私」(＝筆者)という**一人称の主語が省略されること**です。場合によっては、筆者の心を占めている相手(夫や恋人)を示す主語も省略されます。したがって、**主語を考えて読み進める**ことが鍵となります。そのうえで、「私」の身に起きた出来事、そのときの「私」の**心情**を読み取ります。

1 前書きから人物関係やそれまでの経緯を読み取る

2 省略されている主語(「私」など)を補って読み進める

▽「助詞」や「敬語」に着眼し、主語を決定します。

3 「私」の身に起きた出来事を読み取る

4 出来事に遭遇したときの「私」の心情を読み取る

▽「私」や他者の発言に着眼し、心情を読み取ります。

随筆

随筆とは、筆者が日常の中で感じたことや強いこだわりを持っていることを、思いつくままに書いたものです。

◎代表的な作品

枕草子《まくらのそうし》・方丈記《ほうじょうき》・徒然草《つれづれぐさ》・駿台雑話《すんだいざつわ》・花月草紙《かげつそうし》

読解ポイント 筆者のこだわり（好悪）

一話が比較的短く、入試で出題されるときは、多くの場合、一話完結の形をとります。

前書きはない場合がほとんどなので、本文から**筆者の関心事（テーマ）**を把握します。具体例や対比に着目しながら読み進めて、**筆者の「こだわり（好悪）」や「価値観」**を読み取ります。強いこだわりは筆者の主義・主張に通じますから、その点は「評論」に似ていますが、論理的でないところが「随筆」の特徴です。

> **1 筆者の関心事（テーマ）を把握する**
> **2 具体例や対比を読み取る**
> **3 筆者の「こだわり」や「価値観」を読み取る**
> ▽プラスの評価（好き）とマイナスの評価（嫌い）を把握して、結論を読み取ります。

評論

古文で出題される評論には、歌論や能楽論があります。歌論や能楽論は、歌や能に対する筆者の見解や是非を論じたものです。

> ◎代表的な作品
> 俊頼髄脳《としよりずいのう》・無名草子《むみようぞうし》・無名抄《むみようしよう》・毎月抄《まいげつしよう》・風姿花伝《ふうしかでん》・歌意考《かいこう》・源氏物語玉《たま》の小櫛《おぐし》

読解ポイント 筆者の主張（是非）

入試では、一話完結の形で出題される場合は前書きがなく、長い文章を切り取って出題される場合には前書きがあります。前書きがある場合には、まず前書きをしっかり読んで、**評論のテーマ**を把握します。

本文は、具体例や対比に着目しながら読み進め、**論理的な根拠**を確認して、**筆者の「主張（是非）」**を読み取ります。具体例や対比が示される点は「随筆」と共通していますが、根拠を示して論理的に論じているのが「評論」の特徴です。

> **1 評論のテーマを把握する**
> **2 具体例や対比を読み取る**
> **3 論理的な根拠を読み取る**
> **4 筆者の主張を読み取る**
> ▽プラスの評価（是）とマイナスの評価（非）を把握して結論を読み取ります。

1

説話

甲南大学　古今著聞集《ここんちょもんじゅう》

学習テーマ▼　今回は歌徳説話を扱います。歌徳説話は、優れた歌を詠むことによって良い結果を手に入れることができる、という話です。必ず和歌が出てきますので、誰がどのような状況でどのような気持ちを詠んだ歌で、それがどのような良い結果をもたらしたかを読み取りましょう。

目標解答時間　30分

本冊（解答・解説）p.10

◆菅原道真を祭る北野天満宮にまつわる次の文章を読んで、後の問に答えよ。

　鳥羽法皇の女房に小大進といふ歌詠みありけるが、待賢門院の御方に御衣一重失せたりけるを負ひて、北野に籠りて祭文書きてまもられけるに、三日といふに、神水をうちこぼしたりければ、検非違使これに過ぎたる失やあるべき。出で給へと申しけるを、小大進泣く泣く申すやう、公の中の私と申すはこれ a なり。今三日の暇をたべ。それに 1 験なくは、われを具して出で給へと、うち泣きて申しければ、検非違使もあはれにおぼえて、延べたりけるほどに、小大進、

　思ひ出づや　2 なき名たつ身は憂かりきと現人神に b なりし昔を

と詠みて、紅の薄様一重に書きて御宝殿におしたりける夜、法皇の御夢に、3 よに気高くやむごとなき翁の、束帯にて御枕に立ちて、ややと 4 おどろかし参らせて、われは北野右近馬場の神にて侍り。5 めでたきことの侍る、御使ひ給はりて、見せ候はむと a 申し給ふと b おぼしめして、c うちおどろかせ給ひて、天神の見えさせ給へる、いかなることのあるぞ。見て参れとて、御厩の御馬に北面の者を乗せて馳せよと d 仰せられ

ければ、e馳せ参りて見るに、小大進は、雨しづくと泣きて候ひけり。御前に紅の薄様に書きたる歌を見て、これを取りて参るほどに、いまだf参りもつかぬに、鳥羽殿の南殿の前に、かの失せたる御衣をかづきて、さきをば法師、あとをば敷島とて、待賢門院の雑仕cなりける者、かづきて、獅子を舞ひて参りたりける6こそ、天神のあらたに歌にめでさせ給ひたりけると、めでたく尊く侍れ。すなはち、小大進をば召しけれども、かかる問拷を負ふも、心わろきものにgおぼしめすやうのあればこそとて、やがて仁和寺dなる所にh籠りゐてけり。力をも入れずしてと、古今集の序に書かれたるは、これらの類にや侍らむ。

（『古今著聞集』による）

注
祭文——神に捧げる詞。
神水——神に供えた水。
北面の者——院の御所を警護する武士。
御前——神の御前。
敷島——女の名前。
問拷——疑い。

問一 二重傍線部a～dのうち、他と品詞が異なるものを一つ選べ。（2点）

問二　傍線部1「験なくは」とはどのようなことか。最も適当なものを左の中から選べ。（3点）

1　無くした品物に名前がなければ
2　他の人たちへの影響がなければ
3　祈ったことへの効果がなければ
4　それほど重大な失敗でなければ
5　水をこぼした跡が残らなければ

問三　傍線部2「なき名たつ」の意味として最も適当なものを左の中から選べ。（3点）

1　泣いて暮らしていた当時のことが、再び取りざたされる
2　すでにこの世にいるはずのない人のことで、心が乱れる
3　過ぎ去った過去のことを、いつまでもとやかく言われる
4　何の根拠もないところで、自分の名前が人々の噂になる
5　聞いたこともないようなところへ、無理矢理行かされる

問四　傍線部3「よに気高くやむごとなき」の意味として最も適当なものを左の中から選べ。（3点）

1　非常にお人柄の良さそうな
2　きわめて上品で身分の高い

3　実に気品があって体つきの良い

4　とても気位が高くおそろしい

5　どうしても近づけないほど尊い

問五　傍線部４「おどろかし参らせて」を現代語に改めよ。ただし、十字以内とし、句読点等も字数に含むものとする。（４点）

問六　傍線部５「めでたきこと」とはどのようなことを指すのか。最も適当なものを左の中から選べ。（５点）

1　法師たちが獅子舞で賑やかにしていること

2　御宝殿に美しい紅の薄様が貼ってあること

3　法師たちが御衣を頭にかぶってやって来たこと

4　小大進が法皇のもとに呼ばれたこと

5　この逸話が長く語り継がれるようになること

問七　波線部a～hの動作の主体として最も適当なものをそれぞれ左の中から選べ。なお同じ記号は何度用いてもよい。（各1点）

1　法皇　2　小大進　3　検非違使　4　翁　5　北面の者

a	b	c	d	e	f	g	h

問八　傍線部6「こそ」は係り結びの一部であるが、その結びとなっている語を本文中から過不足なく抜き出してそのままの形で記せ。（2点）

／30点

成蹊大学 閑居友《かんきょのとも》

学習テーマ▼ 今回は、仏教説話を扱います。仏教説話は仏教の啓蒙を目的として書かれたものです。世俗の執着を捨てて出家し、仏道修行によって極楽往生するという話が多く、現代とは異なる価値観が根底にあります。主人公の生き方と仏教の教えのつながりを読み取りましょう。

目標解答時間 30分

本冊（解答・解説）p.22

◆次の文章を読んで、後の問に答えよ。

昔、空也上人、山の中に A おはしけるが、常には、「あなものさわがしや」と B のたまひければ、あまたありける弟子たちも、慎みてぞ侍りける。たびたびかくありて、ある時、かき消つやうに、失せ給ひ ア にけり。心の及ぶほど尋ねけれども、さらにえ遇《あ》ふ事もなくて (1) 月ごろになりぬ。さてしもあるべきなら イ ねば、みな思ひ思ひに散りにけり。

かかるほどに、ある弟子、なすべき事ありて、市に出でて侍りければ、(2) あやしの薦《こも》ひきまはしたる中に、人あるけしきして、前に異やうなるものさし出だして、食ひ物のはしばし受け集めて置きたるありけり。「いかすぢの人なら ウ む」と、(3) さすがゆかしくてさし寄りて見たれば、行方なくなしてし我が師にておはしける。「(4) あなあさまし。ものさわがしきとのたまはせしうへに、かきくらし C 給ひてし後は、ふつに、世の中にまじらひて (5) いまそかるらんとは思はざりつるを」といひければ、「もとの住処のものさわがしかりしが、このほどはいみじくのどかにて、思ひしよりも心も澄みまさりてなむ侍るなり。そこたちを育み D 聞こえんとて、とかく思ひめぐらしし心のうちのものさわがしさ、ただおしはかり給ふべし。この市の中は、かやうにてあやしの物さし出だして待ち侍れば、食ひ物おのづから出で来て、さらに乏しき事なし。心散るかたなくて、ひとすぢにいみじく侍り。また、(6)頭《かうべ》に雪をいただきて世の中を走《わし》るたぐひあり。また、目の前に偽りを構へて、(7)悔しかるべき後の世を忘れたる人あり。これらを見るに、悲しみの涙かきつくすべきかたなし。観念(8)たよりあり。心しづかなり。いみじかりける所なり」とぞ侍りける。弟子も涙に沈み、聞く人もさくりもよよと泣きけると エなん。

その跡とかや、北小路猪熊《いのくま》に石の卒塔婆の侍るめるは、いにしへはそこになむ市の立ちけるに X 。あるいは、その卒塔婆は玄昉《げんばう》法師のために空也上人の建て給へりけるとも申し侍る オにや。まことにあまたの人を育まんとたしなみ給ひけむ、(9)さこそはと思ひやられ E侍り。

あはれ、この世の中の人々の、いとなくとも事も欠くまじきもののゆゑに、あまた居まはりたるを、いみじき事に思ひて、これがためにさまざまの心を乱ること、はかなくも侍るかな。命の数満ち果てて、ひとり中有(注)の旅に赴かん時、誰か随ひとぶらふ者あらん。すみやかにこの空也上人のかしこきはからひにしたがひて、(10)身は錦の帳の中にありとも、心には市の中にまじはる思ひをなすべき(11)なめり。

（『閑居友』による）

注 中有――人が死んだ後、次に生まれ変わるまでの期間。

問一　傍線部(1)(2)(3)(4)(5)(8)の現代語訳として最も適当なものをそれぞれ一つ選びなさい。（各1点）

(1) 月ごろ
1 月の出る時期
2 満月の季節
3 月の中旬
4 一ヶ月
5 数ヶ月

(2) あやしの
1 不思議な
2 珍しい
3 不審な
4 粗末な
5 奇妙な

(3) さすがゆかしくて
1 それほど見たくて
2 やはり知りたくて
3 どうしても懐かしくて
4 いっそう恋しくて
5 なんとなく気になって

(4) あなあさまし
1 ああ、思いがけないことだ
2 なんと、みすぼらしいことだ
3 もはや、情けない人だ
4 やはり、浅はかなことだ
5 まあ、話にならない

(5) いまそかる
1 今はこうしている
2 退いている
3 いらっしゃる
4 今まで生きている
5 適応している

(8) たより
1 手紙
2 機縁
3 具合
4 頼み
5 おとずれ

(1)	(2)	(3)	(4)	(5)	(8)

問二　波線部A～Eのうち、謙譲の意味を持つものを一つ選びなさい。（2点）

A　おはしける　B　のたまひければ　C　給ひてし　D　聞こえん　E　思ひやられ侍り

□

問三　二重傍線部ア～オのうち、助動詞でないものを一つ選びなさい。（2点）

ア　給ひにけり　イ　ならねば　ウ　ならむ　エ　泣きけるとなん　オ　侍るにや

□

問四　傍線部(6)「頭に雪をいただきて世の中を走る」とはどういうことか。最も適当なものを次の中から一つ選びなさい。（2点）

1　頭に雪が積もるほど寒いときに急いで町中を動きまわる。
2　頭に絹を載せてもらえるほどの名誉を受けて世間で活躍する。
3　黒髪が白髪になるほど苦労しながら世事に奔走する。
4　年老いて白髪になっても世渡りにあくせくする。
5　雪を載せて頭を冷やしながら世間の情報を掻《か》き集める。

□

問五　傍線部(7)「悔しかるべき後の世を忘れたる人」とはどのような人か。最も適当なものを次の中から一つ選びなさい。（4点）

1　来世でも現世と同様の罪を犯すことを想像できない人
2　生まれ変わって地獄に落ちても後悔することのない人
3　前世の行いによって現世の運命が決まると知らない人
4　来世も人間に生まれるためには努力が必要だと知らない人
5　来世で現世の行いを後悔することになると思っていない人

□

問六　空欄［X］に入る言葉として最も適当なものを次の中から一つ選びなさい。（2点）

1　侍り　2　あり　3　侍る　4　侍れ　5　あれ

問七　傍線部(9)「さこそは」の解釈として最も適当なものを次の中から一つ選びなさい。（3点）

1　そのように上手くは育てられなかったはずだ。
2　さぞかし心が落ち着かないことであったろう。
3　それほど尽くしても弟子を育てるのは難しい。
4　それなりの苦労に悩まされたことだろう。
5　いくらでも弟子が育っていっただろう。

問八　傍線部⑽「身は錦の帳の中にありとも、心には市の中にまじはる思ひをなすべき」とは、どのようなことを意味しているか。本文全体の内容をふまえて四十五字程度で説明しなさい。（5点）

問九　傍線部⑾「な」は助動詞である。その意味として最も適当なものを次の中から一つ選びなさい。（2点）

1　断定　2　完了　3　推量　4　打消　5　強意

問十　『閑居友』は鎌倉時代に成立した説話集である。次の中から説話集でないものを一つ選びなさい。（2点）

1　宇治拾遺物語　2　古今著聞集　3　愚管抄　4　十訓抄　5　発心集

30点

國學院大學 源氏物語《げんじものがたり》

学習テーマ▼ 平安時代の長編物語の代表作『源氏物語』を扱います。『源氏物語』の主人公は言うまでもなく光源氏ですが、光源氏以外の人物を中心に置いた話もたくさんあります。前書きや設問の選択肢を利用して、登場人物や人物関係を理解し、状況や心情を読み取りましょう。

目標解答時間 30分

本冊（解答・解説）p.36

◆次の文章は『源氏物語』の一節で、天皇である「上《うえ》」の寵愛《ちょうあい》をめぐり、大臣《おとど》の養女である斎宮女御《さいぐうのにょうご》と権中納言《ごんのちゅうなごん》の娘の二人が競っている場面である。これを読んで、後の問に答えよ。

上はよろづのことにすぐれて絵を興あるものにおぼしたり。(a)たてて好ませたまへばにや、二《に》なく描《か》かせたまふ。斎宮女御、いとをかしう描かせたまひければ、(b)これに御心移りて、渡らせたまひつつ、描きかよはさせたまふ。殿上《てんじやう》の若き人々もこのこと(A)まねぶをば、御心とどめてをかしきものにおもほしたれば、まして、をかしげなる人の、心ばへあるさまに(c)まほならず描きすさび、なまめかしう添ひ臥してとかく筆うちやすらひたまへる御さま、(d)らうたげさに御心しみて、いと(e)しげう渡らせたまひて、(f)ありしよりけに御思ひまされるを、権中納言聞きたまひて、あくまでかどかどしくいまめきたまへる御心にて、「我、人に劣り(X)なむや」とおぼしはげみて、すぐれたる上手《じやうず》どもを召し取りて、いみじくいましめて、またなきさまなる絵どもを、二なき紙どもに描き集めさせたまふ。「物語絵こそ心ばへ見えて見どころあるものなれ」とて、おもしろく心ばへあるかぎりを選《え》りつつ描かせたまふ。例の月次《つきなみ》の絵も、見馴れぬさまに、言の葉を書きつづけて御覧ぜさせたまふ。(Y)わざとをかしうしたれば、またこなたにてもこれを御覧ずるに、心やすくも(B)取り出でたまはず、いといたく秘めて、この御方へ持て渡らせたまふを惜しみ領《らう》じたまへば、大臣聞きたまひて、「なほ権中納言の御心ばへの若々しさこそあらたまりがたかめれ」など(Z)笑ひたまふ。

注
月次の絵——一月から十二月までの各月の風物を描いた絵。
こなた——権中納言の娘の局。
領じ——独り占めにして手放さない。

問一　傍線部(a)・(f)の現代語訳として最もふさわしいものを、次のア〜オの中からそれぞれ一つずつ選びなさい。（各2点）

(a)
- ア　進んで興味をお持ちになったらどうだろうか
- イ　おだてて興味を持たせようとなさるのはどんなものだろうか
- ウ　格別に関心を寄せていらっしゃるからだろうか
- エ　特にすきだと言わせようとなさっているのだろうか
- オ　相手を気づかってすきなふりをしていらっしゃればよいのだろうか

(f)
ア　以前よりも際立って
イ　かつてよりも不思議に
ウ　見た目よりもはるかに
エ　前の印象よりもわずかに
オ　生きていた時よりもさらに

(a)
(f)

問二　傍線部(b)はどのようなことを指すのか。最もふさわしいものを、次のア〜オの中から一つ選びなさい。(2点)

ア　上が斎宮女御を気に入った
イ　上が絵に熱中するようになった
ウ　上が絵よりも斎宮女御に関心を持った
エ　斎宮女御が上を気に入った
オ　斎宮女御が絵に熱中するようになった

問三　傍線部(c)はどのような様子か。最もふさわしいものを、次のア〜オの中から一つ選びなさい。(3点)

ア　上手ではないが、楽しんで描いている

イ　型にとらわれないで、自由に描いている
ウ　巧みな絵を、きちょうめんに描いている
エ　下手ではないが、くずした画風で描いている
オ　素人とは思えない絵を、ものの見事に描いている

問四　**傍線部(d)・(e)の意味として最もふさわしいものを、次のア〜オの中からそれぞれ一つずつ選びなさい。**（各2点）

(d)　ア　いちずさ　イ　かわいさ　ウ　くるしさ　エ　けだるさ　オ　たくみさ
(e)　ア　しきりに　イ　しつこく　ウ　すばやく　エ　むりやり　オ　ゆっくり

(d)
(e)

問五　**問題文の内容と合致するものを、次のア〜オの中から一つ選びなさい。**（3点）

ア　上は万事に精通した人だった
イ　上は絵を習う役人に目をかけた
ウ　上は絵を描いては筆を休めて悩んでいた
エ　上は物語絵が見ごたえのあるものと考えた
オ　上は月次の絵を描いて斎宮女御に見せていた

問六　二重傍線部(A)「まねぶ」・(B)「取り出で」の、1　活用の行　2　活用の種類　3　活用形　は何か。該当するものを、次のア〜カの中からそれぞれ一つずつ選びなさい。（各1点）

1　ア　ア行　イ　タ行　ウ　ダ行　エ　ナ行　オ　バ行　カ　マ行

2　ア　四段活用　イ　上一段活用　ウ　上二段活用　エ　下一段活用　オ　下二段活用
カ　変格活用

3　ア　未然形　イ　連用形　ウ　終止形　エ　連体形　オ　已然形　カ　命令形

(A)	
1	
2	
3	
(B)	
1	
2	
3	

問七　波線部(X)の文法的な説明として最もふさわしいものを、次のア〜オの中から一つ選びなさい。（2点）

ア　係助詞　イ　終助詞　ウ　副助詞　エ　完了の助動詞＋推量の助動詞
オ　断定の助動詞＋推量の助動詞

問八　波線部(Y)の意味する内容として最もふさわしいものを、次のア〜オの中から一つ選びなさい。（3点）

ア　かえって趣深くなっている

イ　奇をてらって斬新に仕上げてある

ウ　わざとらしい演出をほどこしてある
エ　特にすばらしい趣向を取り入れてある
オ　意図的に変わった内容を盛り込んでいる

問九　波線部(Z)は権中納言の何を笑ったものか。最もふさわしいものを、次のア～オの中から一つ選びなさい。(3点)

ア　おとなげない競争心　　イ　かざり気のない親心　　ウ　子供のような純粋さ
エ　ひたむきなまじめさ　　オ　みずみずしい感受性

/30点

日本女子大学

堤中納言物語《つつみちゅうなごんものがたり》

学習テーマ▼ 今回は短編物語を扱います。前書きはありませんが、典型的な物語の始まり方をしていますので、登場人物を把握し、その人物関係を踏まえた上で、状況の変化とそれに伴う登場人物の心情や行動を丁寧に読み取り、本文の読解を和歌の修辞の理解につなげましょう。

目標解答時間　30分

本冊（解答・解説）p. 48

◆次の文章を読んで、後の問に答えよ。

大納言の姫君、二人（注1）ものし給《たま》ひし、まことに物語にかきつけたる有様に劣るまじく、何事につけても生ひ出《い》で給ひしに、故大納言も母上も、うちつづきかくれ給ひ A にしかば、いと心ぼそきふるさとにながめすごし給ひしかど、ア はかばかしく御乳母《めのと》だつ人もなし。ただ常に候ふ侍従・弁などいふ若き人々のみ候へば、年にそへて人目まれにのみなりゆくふるさとに、いと心ぼそくておはせしに、右大将の御子の少将、知るよしありて、いとせちに聞こえわたり給ひしかど、B かやうの筋はかけても思《おぼ》しよら 1 ぬ事にて、御返事など思しかけざりしに、少納言の君とて、いといたう色めきたる若き人（注2）、何のたよりもなく、二所（注3）おほとのごもりたる所へ C みちびき聞こえてけり。

もとより御志ありける事にて、「姫君」をかき抱きて、御帳のうちへ入り給ひにけり。思しあきれたるさま、例の事なれば書かず。おしはかり給ひにしも過ぎて、あはれに思さるれば、うち忍びつつかよひ給ふを、父殿聞き給ひて、「人のほどなど、くちをしかるべき 2 にはあら 3 ねど、何かはいと心ぼそきところに」など、イゆるしなくのたまへば、思ふほどにもおはせず。I君もしばしこそ忍びすごし給ひしか、さすがにさのみはいかがおはせむ。さるべきに思しなぐさめて、やうやううちなびき給へるさま、いとどらうたくあはれなり。昼などおのづから寝すごし給ふ折、D見たてまつり給ふに、いとあてにらうたく、うち見るより心苦しきさまし給へり。何事もいと心憂く、人目まれなる御住まひに、人の御心もいと頼みがたく、いつまでとのみながめられ給ふに、四五日いぶせくてつもり4ぬるを、思ひし事かなと心ぼそきに、御袖ただならぬを、我ながらいつ習ひけるぞと思ひ知られ給ふ。

Ⅱ ひとごころ　あきのしるしの　かなしきに　かれゆくほどの　けしきなりけり

「など手習ひに馴れにし心なるらむ」などやう5にうちなげかれて、やうやう更け行けば、ただうたたねに御帳の前にうち臥し給ひにけり。少将、内裏《うち》より出で給ふとておはして、うち叩《たた》き給ふに、人々ウおどろきて、「中の君」起こして奉りて、(注4)わが御方へ渡し聞こえなどするに、やがて入り給ひて、「大将の君のあながちにいざなひ給ひつれば、初瀬へ参りたりつる」ほどの事など語り給ふに、ありつる御手習ひのあるを見給ひて

ときはなる　のきのしのぶを　しらずして　かれゆくあきの　けしきとやおもふ

と書き添へて見せ奉り給へば、いとはづかしうして、御顔引き入れ給へるさま、いとらうたく児《こ》めきたり。

(『堤中納言物語』による)

注 1 二人——本文中の「姫君」と「中の君」の二人の姉妹のこと。

4

2　若き人――若い女房。
3　二所――「姫君」と「中の君」二人のこと。
4　わが御方――「中の君」のお部屋。

問一　**傍線部A「に」と同じ助動詞を二重傍線部の項目（1〜5）から一つ選びなさい。**（2点）

1　ぬ　2　に　3　ね　4　ぬる　5　に

□

問二　**傍線部ア「はかばかしく」、イ「ゆるしなく」、ウ「おどろきて」の意味を、それぞれ、次の項目（1〜4）から選びなさい。**（各2点）

ア
1　はきはきとした
2　てきぱきとした
3　はなはだしく
4　しっかりとして

イ
1　許可なく
2　容赦なく
3　支障なく
4　油断なく

ウ
1　びっくりして
2　目をさまして
3　おそろしく
4　息をのんで

ア	イ	ウ

問三　傍線部B「かやうの筋」とは具体的にどのようなことか、説明しなさい。（6点）

問四　傍線部C「みちびき聞こえてけり」、D「見たてまつり給ふ」は、「誰の」、「誰に」対しての行為を示しているか、もっとも適当な人物を、それぞれ、次の項目（1～5）から選びなさい。（各2点）

1　少将　2「姫君」　3　右大将　4「中の君」　5　少納言の君

	C	D
誰の↓		
誰に↓		

問五　傍線部Ⅰ「君もしばしこそ忍びすごし給ひしか、さすがにさのみはいかがおはせむ」の内容として、もっとも適当なものを、次の項目（1～4）から一つ選びなさい。（4点）

1　中の君がしばらくの間は遠慮して別の所にいたが、そうもしていられなくて、姫君と同じ部屋に休むようになったこと。

2　少将の君がしばらくの間はこっそりとしのんで通っていたが、そうもしていられなくて、堂々と通うようになったこと。

3　大将の君が少将の行動をしばらくの間は見過ごしていたが、そうもしていられなくて、強く注意するようになったこと。

4　姫君はしばらくの間は少将に対してかたくなだったが、そうもしていられなくて、少将にうちとけるようになったこと。

4

問六　傍線部Ⅱ「ひとごころ　あきのしるしの　かなしきに　かれゆくほどの　けしきなりけり」には掛詞が二箇所ある。それぞれ何と何がかかっているか、その差異がわかるように説明しなさい。（各1点　①と②は順不同）

①	②
と	と

/30点

5 物語

中京大学 栄花物語《えいがものがたり》

学習テーマ▼ 今回は歴史物語を扱います。物語は人物関係を踏まえた上で読み進めるのが定石ですが、今回はその逆で、人物関係を本文から読み取るという問題です。主人公の身に起きた出来事やそれに対する心情を読み取ることによって、登場人物の関係を判断しましょう。

目標解答時間 **30分**

本冊（解答・解説）p.60

◆次の文章は、平安時代中期の公卿大納言藤原公任が長谷《ながたに》に籠って正月を迎えたときの様子を述べたものである。これを読んで、後の問に答えよ。

かくて奥山の御住居《すまゐ》も、本意あり、心のどかに思されて、年も暮れぬれば、一夜がほどに変はりぬる峰の霞もあはれに御覧ぜられて、「A山里いかで春を知らまし」など、うちながめさせたまふに、一日《ついたち》の日も暮れて、二日辰《たつ》の時ばかり、B弁の君参りたまへり。思ひかけぬほどのことかなと思さるるに、御装束持たせたまへりける、隠れの方《かた》よりCうるはしうして、御前《おまへ》に出でて拝したてまつりたまふなりけり。D人なかのをりの御住居だに、なほわが御心には勝れて見えおぼさるる御有様の、まいてさる山の長谷のほとりにては、光るやうに見えたまふに、あないみじ、これを人に見せばやと、見る甲斐《かひ》あり、めでたのただ今の有様やと、人の子にて見んに、うらやましくも、持たらまほしかるべき子なりや、見目《みめ》、容貌《かたち》、心ばせ、身の才《ざえ》いかでかくありけんと、あはれにいみじう思さるるにも、御涙浮かびぬ。さて山里の御あるじ、ところにしたがひをかしきさまにて、御供の人にも御み酒《き》賜ひて、帰りたまふなごり恋しくながめやられたまふ。

かくてついたち四日のつとめて、御堂《みだう》に、三井《みゐ》の別当僧都尋ねに御消息ものせさせたまへば、参りたまへり。さて心のどかに御物語などありて、御本意のことも聞こえたまへば、僧都うち泣きて御髪《みぐし》おろしたまひつ。戒など授けたてまつりたまひぬ。

かくて帰りたまひぬれば、世にやがてもり聞こえぬ。これを聞こしめして、御堂より御装束一領《ひとくだり》してまゐらせたまふとて、

　いにしへは思ひかけきやとりかはしかく着んものと法《のり》の衣を

御返《かへ》し、長谷より、

　おくれじと契りかはして着るべきを君が衣にたち後《おく》れける

とぞ聞こえさせたまひける。

（『栄花物語』より）

注
奥山の御住居——洛北の長谷にある解脱寺。
隠れの方——人目につかぬ所。
御あるじ——「御あるじまうけ」の略。もてなし。
御堂——藤原道長の法成寺または道長本人。
三井の別当僧都——心誉。このときは法成寺の別当。

5

問一　傍線部Ａ「山里いかで春を知らまし」はある歌の下句を引用した文である。この下句に相応しい上句を次の中から選べ。（4点）

1　花の香を風のたよりにたぐへてぞ
2　鶯の声なかりせば雪消えぬ
3　吉野山峰の白雪いつ消えて
4　春日野の飛ぶ火の野もり出でて見よ
5　よそにのみあはれとぞ見し梅の花

問二　傍線部Ｂ「弁の君」と公任とはどんな関係か。最適なものを次の中から選べ。（6点）

1　上司と下司
2　学問の師と学生
3　義父と娘婿
4　父と子
5　大納言と勅使

問三　傍線部Ｃ「うるはしうして」を文意に即して分かり易く十字以内で現代語訳せよ。（5点）

問四　傍線部D「人なかのをりの御住居」の説明として最適なものを次の中から選べ。（4点）

1　多くの人材が集まる帝都
2　騒がしい人混みに近い学舎
3　宮中の立派な御殿
4　宮中外の帝の臨時の御在所
5　人の出入りの多い都の邸

問五　弁の君を見て公任が心中思ったこと（心内語）の始まりと終わり各五字を記せ。（句読点は字数に含まない）（5点）

〜

問六　「おくれじと」の歌には一カ所掛詞がある。その部分を抜き出し次の形で答えよ。（各2点）

□の部分に□と□の意味が掛けてある。

30点

5

6 日記

専修大学

蜻蛉日記《かげろうにっき》

学習テーマ▼ 今回は、日本で初めて書かれた女流日記文学、『蜻蛉日記』を扱います。『蜻蛉日記』には主語がほとんど書かれていませんので、主体判定を意識しながら読み進め、作者の周りで起きた「出来事」、それに対する作者の「心情」を、因果関係を意識しながら読み取りましょう。

目標解答時間　30分

本冊（解答・解説）p.72

◆次の文章は、作者道綱母のもとを訪れた藤原兼家が、体調の異変を訴えた時の様子を描いている。これを読み、後の問に答えよ。

三月《やよひ》ばかり、ここに渡りたる程にしも、苦しがりそめて、いとわりなう苦しと思ひ惑ふを、いといみじと見る。言ふことは「ここにぞ、Aいとあらまほしきを、何事もせむに、いと便《びん》なかるべaければ、かしこへ(注1)ものしアなむ。Bつらしとなおぼしそ。にはかにも、いくばくもあらぬ心地なむするイなむ、いとわりなき。あはれ、死ぬとも、おぼし出づべきことのなきなむ、いとかなしかりける」とて、(あ)泣くを見るに、ものおぼえずなりて、またいみじうC泣かるれば、「な(い)泣き給ひそ。苦しさまさる。よにいみじかるべきわざは、心はからぬ程に、かかる別れせむなむありける。いかにし給はむずらむ、一人は世におはせじな。さりとも、おのが(注2)忌みの内にし給ふな。もし死なずはありとも、限りと思ふなり。Dありとも、こちは□参るまじ。おのがさかしからむ時こそ、いかでもいかでも、ものし給はめと思へば、かくて死なば、これこそは、見奉るべき限りなめれ」など、臥《ふ》しながら、いみじう語らひて(う)泣く。

これかれ、ある人々(注3)、呼びよせつつ、「ここには、いかに思ひ聞こえたりとか見る。かくて死なば、また対面せでや、やみウなむと思ふこそ、いみじbけれ」と言へば、みな泣きぬ。みづからは、ましてものだに言はれず、ただ(え)泣きにのみ泣く。

かかる程に、心地いと重くなりまさりて、車さし寄せて乗らむとて、かき起こされて、人にかかりてものす。うち見おこせて、つくづくうちまもりて、いといみじと思ひたり。とまるはさらにも言はず。このせうと(注4)となる人なむ、「なにか、かくまがまがしう。さらになでふことかおはしまさむ。はや奉りエなむ」とて、やがて乗りて、抱へてものしぬ。思ひやる心地、言ふかたなし。

（『蜻蛉日記』による）

注
1 かしこ――自邸である兼家邸。
2 忌み――喪に服すこと。
3 ある人々――道綱母に仕える女房達。
4 せうと――道綱母の兄弟。

問一 傍線部a、b「けれ」の文法的説明として適当なものを、次の①～⑤の中から一つ選びなさい。（2点）

① aは推量の助動詞の一部で、bは過去の助動詞
② aは形容詞の一部で、bは過去の助動詞
③ aは過去の助動詞で、bは形容詞の一部

6

④　aは推量の助動詞の一部で、bは形容詞の一部
⑤　aは形容詞の一部で、bは推量の助動詞の一部

問二　波線部ア～エの「なむ」の文法的説明として適当なものを、次の①～⑤の中から一つ選びなさい。（2点）

① アのみが係助詞で、他は助動詞「ぬ」に助動詞「む」が接続したもの
② イのみが係助詞で、他は助動詞「ぬ」に助動詞「む」が接続したもの
③ ウのみが係助詞で、他は助動詞「ぬ」に助動詞「む」が接続したもの
④ エのみが係助詞で、他は助動詞「ぬ」に助動詞「む」が接続したもの
⑤ アからエまで、すべてが係助詞である

問三　傍線部A「いとあらまほしきを」の現代語訳として、もっとも適当なものを次の①～⑤の中から一つ選びなさい。（4点）

① 糸があったらよいのだが
② とてもうらやましいことだけれども
③ たいへん理想的であるけれども

④ とても荒々しいことだが
⑤ ぜひ留まっていたいのだが

問四　傍線部B「つらしとなおぼしそ」の解釈として、もっとも適当なものを次の①～⑤の中から一つ選びなさい。（4点）

① あなたを家に帰すことを、意地が悪いと思わないでおくれ
② 病でつらいから、私に冷たくしないでください
③ 私のすることを、ひどい仕打ちとお思いにならないでおくれ
④ 病でつらいときに、私に心配をかけないでください
⑤ 女房達に、ひどい仕打ちをしてやろうなどと思わないでおくれ

問五　傍線部C「泣かるれば」の解釈として、もっとも適当なものを次の①～⑤の中から一つ選びなさい。（4点）

① 道綱母も、泣くことはできるが
② 道綱母も、自然と涙があふれてくるので
③ 兼家も、お泣きになるので
④ 兼家も、つい涙をこぼすが
⑤ 兼家に、泣かされてしまったが

6

問六　二重傍線部(あ)～(え)の「泣く」の主体の組み合わせとして、もっとも適当なものを次の①～⑤の中から一つ選びなさい。（4点）

① (あ) 道綱母　(い) 兼家　(う) 道綱母　(え) 道綱母
② (あ) 道綱母　(い) 兼家　(う) 道綱母　(え) 兼家
③ (あ) 兼家　(い) 兼家　(う) 兼家　(え) 道綱母
④ (あ) 兼家　(い) 道綱母　(う) 兼家　(え) 兼家
⑤ (あ) 兼家　(い) 道綱母　(う) 兼家　(え) 道綱母

問七　傍線部Ｄ「ありとも、こちは［　］参るまじ」に関して、空欄に補うべき語と、その解釈について、もっとも適当なものを次の①～⑤の中から一つ選びなさい。（4点）

① 「え」を補い、兼家が死ななかったとしても、道綱母の屋敷に参上することはできまい、の意
② 「え」を補い、兼家に命があったとしても、兼家の屋敷に道綱母が見舞いに参上なさってはいけない、の意
③ 「な」を補い、道綱母に機会があったとしても、病の治癒《ちゆ》を祈るため寺などに参詣なさってはいけない、の意
④ 「をさをさ」を補い、兼家が生きていたとしても、もう宮中に参上することは無理だろう、の意
⑤ 「をさをさ」を補い、兼家に運があったとしても、宮中から退出することはできないだろう、の意

問八　問題文の内容と一致するものを次の①〜⑤の中から一つ選びなさい。（6点）

① 病の兼家は、数日前から体に不調を感じていたので、余命もそれほど長くないのではないかと不安を覚えていたことを、道綱母にだけ告白した

② 病の兼家は、車で道綱母の屋敷を去るに際し、道綱母のほうを見つめるばかりであったが、道綱母も心が動揺して何も言うことができなかった

③ 病の兼家は、道綱母や周囲の者たちと言葉を交わしているうちに、少しずつではあるが、体調が回復し、ようやく車に乗ることができた

④ 病の兼家は、自らの死後、道綱母は必ず他の男と結婚するだろうけれども、もしそうであるなら、できるだけ早いほうがよいと述べた

⑤ 病の兼家は、道綱母の兄弟に抱きかかえられて、車に乗り込んだが、その兄弟も、道綱母を気の毒に思って、すっかり肩の力を落としていた

／30点

7 日記

京都産業大学
成尋阿闍梨母集《じょうじんあじゃりのははのしゅう》

学習テーマ▼ 今回は、日記的家集を扱います。「家集」とは、「個人の歌集」のことです。自分の身の周りに起こったことにまつわる歌をのせ、その説明を綴っていますので、歌集でありながら日記のような性質も持っています。その点に留意して、作者の心情を読み取りましょう。

目標解答時間　30分

本冊（解答・解説）p.84

◆次の文章は、平安時代の後期に書かれた日記的な家集、『成尋阿闍梨母集』の一節である。僧侶であるわが子成尋（六十一歳）が宋の国に渡ることを決め、母（八十三歳）は別れの悲しみに沈んで、その思いを記す。ここは、成尋が筑紫（今の福岡県）で乗船の準備をしていて、母は都で律師（成尋の兄弟）の世話を受けている。これを読んで、後の問に答えよ。

　年ごろ思ふことなくて、世の中（注1）さわがしと言へば、この君《きん》（注2）だちいかがと思へど、かばかり A 行ひつとめつつおはさうずれば、それも頼もしうはべりつるほどに、多くの年ごろあり、B かくたぐひなき心つきたまへりける阿闍梨の心やうになるまであひたるも、あまりの命長さの罪にぞ覚えはべる。今はもし立ち寄りおはしたりとも、それまで世に生きてはべらじと、けふにても失《う》せぬべく覚えはべるなり。

　嘆きわび絶えん命は口惜しくつゆ言ひ置かん言の葉もなし

と思ふほどに、蟬《せみ》鳴く。おどろおどろしき声ひきかへ（注3）、道心起こしたる、「くつくつ法師」と鳴くも、C むなしき殻《から》こそは梢《こずゑ》にはとどめんずらめ、それにも劣りて、この身には影だにも見えず。

あはれに尽きせぬ涙こぼれ落つるに、人の来て言ふ。「筑紫よりよべまで来たる人の、『八月二十よ日のほどに、阿闍梨は唐(注4)に渡りたまひなんとて、船に乗るべきやうにておはす、と聞きし』と申す」と言へど、D文《ふみ》などもあらばこそは、まことにやあらん、虚言《そらごと》にやあらん、と胸塞《ふた》がりて、いとどしくあはれに悲しうて、

E淀《よど》みなく涙の川はながるれどおもひぞ胸をやくとこがるる

たち別れ聞えし日より、落つる涙の絶え間に、目も霧《き》りて見えぬにも、目さへ見えずなりて、長らへん命の心憂く、けふにても死なまほしく待つに、(注5)いとわりなかりし心地にも、死なずなりにしも、いと心憂く覚ゆ。よその人は、深く世をあはれと思ひたる気色にも、心一つのみわびしくて、わびては、これFこの世のことにあらじ、前《さき》の世に契り置きてこそ仇敵《あたかたき》なる子もあんなれ、これはG多くの年ごろ、飽かぬことなくてあらせたまへるかぎりの、ありける月日のかぎりにや、と思ひなせど、心のうちは慰む方なくて、今はただ律師一人あつかひたまふぞ、いとほしく覚ゆる。よろづにつけて恋しく、などて、ただ、いみじき声を出だして泣き惑ひても、控へとどめ聞えずなりにけん、と悔しうぞ。

注
1 世の中さわがし――疫病の流行のことをいう。
2 君だち――作者の子である成尋や律師のこと。
3 ひきかへ――～と違って、という意味。
4 唐――唐土で、ここは宋の国のこと。
5 いとわりなかりし心地――作者が以前に病気にかかって、つらく苦しかったことをさす。

問一　傍線部A「行ひつとめ」は、どのような意味か。最も適切なものを一つ選べ。（2点）

1　加持・祈禱の勉強をする。
2　仏道の修行に励む。
3　世の中の混乱を正す。
4　母親の面倒を見る。

問二　傍線部B「かくたぐひなき心」は、どのような「心」か。最も適切なものを一つ選べ。（2点）

1　老いた母親の世話をしようとする孝行の志。
2　世の中の疫病を霊験によって治そうとする志。
3　宋の国に行って仏道を究めようとする志。
4　仏教の教えによって世の混乱を正そうとする志。

問三　傍線部C「むなしき殻こそは梢にはとどめんずらめ、それにも劣りて、この身には影だにも見えず」は、どういうことを言おうとしているか。最も適切なものを一つ選べ。（5点）

1　蟬は脱け殻を残して、それははかないことであるが、わが身はそれ以下で、息子の面影さえも残っていない。

2　蝉は脱け殻を残して、それはからっぽであるが、わが身はそれ以下で、もう二度と息子と会うことができない。

3　蝉は脱け殻を残して成長していくのに、わが身は息子と生き別れしなければならず、何の生きた証《あかし》もない。

4　蝉は脱け殻を残して成長していくので楽しみであるが、わが身には息子の幻影さえも見えず、むなしくなる。

問四　傍線部D「文などもあらばこそは」で、「文などもあらば」は「成尋から船に乗ることになったと手紙などの連絡が届いているならば」という意味であるが、次に「こそ」と「は」の係助詞を重ねて強調することによって、より複雑な心境を表している。それはどのようなものか。最も適切なものを一つ選べ。（5点）

1　どんなにうれしいことであろうか

2　せめてそう思うだけでも幸せな気分になるが

3　そのことを信じてひたすら待とう

4　信じられるが、実際はそうではないのだから

問五　傍線部Ｅ「淀みなく……」の歌は、「おもひ」（思ひ）の「ひ」に火の意を掛けている。この歌の趣旨として最も適切なものを一つ選べ。（6点）

1　あふれ出て激しく流れる涙によってでも思いの火が消えないほど、わが子を恋い慕っている。
2　あふれ出て激しく流れる涙によって思いの火を消したいほど、わが子のことを思って苦しくなる。
3　涙があふれ出て激しく流れているように、わが子への強い思いは火となって、胸を焼きこがしている。
4　涙があふれ出て激しく流れている以上に、より強くわが子を恋いこがれる胸の思いが火となって燃えている。

□

問六　傍線部Ｆ「この世のことにあらじ、前の世に契り置きてこそ仇敵なる子もあんなれ」で、作者は現世の事柄は前世の因縁の法則によってつながるもので、前世で仇敵であった者が現世で親子となることもあるという、とまで考える。これほどに思い詰めて、作者はどのようにして自分の心を落ち着かせようとしているか。最も適切なものを一つ選べ。（5点）

1　親子の縁はもともとはかないものであると、慰めようとする。
2　子がいるために親はこの世の苦悩から逃れられないと、悟ろうとする。
3　子がこれほど親を苦しませることもあり得ると、納得しようとする。
4　親をこれほど悲しませる子の存在が憎いと、思うようにする。

問七　傍線部G「多くの年ごろ、飽かぬことなくてあらせたまへるかぎりの、ありける月日のかぎりにや」で、作者はどのようなことを考えているか。最も適切なものを一つ選べ。（5点）

1　長い間、十分に満足することなく過ごしてきたが、それももう限界で、今はもう最期を待つだけであろう。

2　長い間、何の不満足もなく過ごさせて下さった月日にも限度があり、今、その限度が来たのであろう。

3　長い間、少しは満足して過ごした月日にも限度があり、今、そうしていられる時間の限度になったのであろう。

4　長い間、特に不満もなく過ごさせて下さったが、限りある寿命も今はもう限度を迎えたのであろう。

30点

8 日記

龍谷大学 都《みやこ》のつと

学習テーマ▼ 今回は中世の紀行文を扱います。紀行文とは、旅行中の見聞や感想などを書き記したもので、日記に分類されます。「私」が旅先で遭遇した出来事、そしてそれに対する「私」の心情はどのようなものであったかを、筆者が出家者であることを踏まえて読み取りましょう。

目標解答時間 30分

本冊（解答・解説）p.94

◆左の文章は、南北朝期の歌人宗久の紀行文『都のつと』の一節で、宗久が東国に旅をした時の体験を記したものである。これを読んで、後の問に答えよ。

春に成りしかば、上野《かうづけ》の国へ越え侍《はべ》りしに、思はざるに、一夜の宿を貸す人あり。［A］の初めの程なりしに、軒端の梅のやうやう散り過ぎたる木の間に霞《かす》める月の影も雅《みや》びかなる心地して、所の様も、松の柱、竹編める垣し渡して、ゐなかびたる、さる方に住みなしたるも由ありて見えしに、家主出《い》であひて、心ある様に旅の愁へをとぶらひつつ、世を厭《いと》ひそめける心ざしの程など、細かに問ひ聞きて、「われも常なき世のあり様を思ひ知らぬにはあらねども、背かれぬ身の絆《ほだ》しのみ多くてかかづらひ侍る程に、①あらましのみにて今日まで過ぐし侍りつるに、今夜の物語になむ、捨てかねける心の怠りも今更驚かれて」など言ひて、「暫《しば》しはここに留まりて、道の疲れをも休めよ」と語らひしかど、末に急ぐ事ありし程に、秋の頃《ころ》必ず立ち帰るべき由、契りおきて出でぬ。

その秋八月ばかりに、②かの行方《ゆくへ》もおぼつかなくて、わざと立ち寄りて訪ひ侍りしかば、その人は亡くなりて、今日七日の法事行ふ由答へしに、あへなさも言ふ限りなき心地して、などか今少し急ぎて訪ねざりけむ、③さしもねんごろに頼めしに、偽りのある世ながらも、いかに空頼《そらだの》めと思はれけむと、心憂くぞ侍りし。さて終《つひ》の有様《ありさま》など尋ね聞きしかば、「④今はの時までも申し出でし物を」とて、跡の人々泣きあへり。有待《うだい》の身、初めて驚くべきにはあらねども、無常迅速なる程も、今更思ひ知られ侍りし。

（中略）

いとど塵《ちり》の世もあぢきなく覚えて、ありか定めず迷ひありきし程に、室の八島なども過ぎて、身にしみ侍りき。

春より都を出で侍りしに、またこの秋の末にこの関を越え侍りしかば、古曾部《こそべ》の沙弥《しやみ》能因が、「⑤都をば霞とともに立ちしかど秋風ぞ吹く白川の関」と詠じけるはまことなりけりと、思ひ合はせられ侍り。かの能因が、この歌のために、なほその境に至らで⑥詠めらむは無念なりとて、東へ下りたる由にて暫し籠《こも》り居て、この国にて詠みけると披露しけるとかや。一度はうるはしく下りけるにや、「八十嶋《やそしま》の記」などいふ物、書きおきて侍り。竹田大夫国行が水鬢《みづびん》搔《か》きけむまでこそなくとも、この所をばいささか心化粧しても過ぐべかりけるを、さも侍らざりしこそ心後れに侍りしか。

都にも今や吹くらむ秋風の身にしみわたる白川の関

注 有待の身――仏教語で、人間のこと。

室の八島――下野国《しもつけのくに》の歌枕で、いまの栃木県栃木市惣社《そうじゃ》にある大神《おおみわ》神社。
古曾部――現在の大阪府高槻《たかつき》市の地名。
沙弥――僧侶のこと。
八十嶋の記――能因の作と伝えられる紀行文。
水鬢掻きけむ――水で鬢（こめかみの辺りの毛髪）のほつれを掻き撫《な》でること。
心後れ――気のきかないこと。

問一　空欄 A を補うのに最も適当なものを一つ選びなさい。（3点）

①　一月　②　三月　③　八月　④　九月

問二　傍線部①「あらましのみにて今日まで過ぐし侍りつるに」は具体的にはどういうことですか。最も適当なものを一つ選びなさい。（4点）

①　出家したいという思いを抱くだけで、それを実行しないまま今日まで過ごしてきたということ。
②　旅をしたいという気持ちを抱くばかりで、今日まで何の行動もしないで過ごしてきたということ。
③　一日一日を大ざっぱな考えで適当なことばかりして無意味に今日まで過ごしてきたということ。
④　命がはかないということはわかっていながら、それをはっきりと自覚しないまま今日まで過ごしてきたということ。

問三　傍線部②「かの行方もおぼつかなくて」の解釈として最も適当なものを一つ選びなさい。（4点）

① 家主の病状もよくわからなかったので
② 旅人のその後もはっきりしなかったので
③ 旅人の病状もよくわからなかったので
④ 家主のその後も気にかかったので

問四　傍線部③「さしもねんごろに頼めしに」の解釈として最も適当なものを一つ選びなさい。（4点）

① あれほどけなげに帰ることを期待していたのに
② あれほど心から約束して期待させていたのに
③ あれほど親しく交わり合って信頼していたのに
④ あれほど身体を大切にするように言って信頼させていたのに

問五　傍線部④「今はの時までも申し出でし物を」の解釈として最も適当なものを一つ選びなさい。（4点）

① 今の今まで出家したいと言っていましたのに
② 今の今まで死後のことを気にしていましたのに
③ 臨終のときまでもあなたのことを申していましたのに
④ 臨終のときがいつかまでもあらかじめ申していましたのに

問六　傍線部⑤「都をば霞とともに立ちしかど秋風ぞ吹く白川の関」の歌の詠まれた事情について、本文ではどのように説明していますか。最も適当なものを一つ選びなさい。（5点）

① 白川に本当に行って詠んだそうだが、それは誤った伝説だという説もある。
② 白川に行ったふりをして詠んだそうだが、本当に行ったと思われるふしもある。
③ 白川に以前行ったことを思い出して詠んだとされているが、証拠はない。
④ 白川には春に行ったのに、秋に行ったとうそを詠んだことは、証拠も残っている。

問七　傍線部⑥「詠めらむ」の「らむ」の語を文法的に説明したものとして最も適当なものを一つ選びなさい。（2点）

① 現在推量の助動詞「らむ」の連体形

② 伝聞・推定の助動詞「らむ」の連体形

③ 完了の助動詞「り」の未然形「ら」＋推量の助動詞「む」の連体形

④ 過去の助動詞「り」の未然形「ら」＋推量の助動詞「む」の連体形

問八 波線部「能因」は平安時代中期の人ですが、これと同時代の人を一人選びなさい。（4点）

① 柿本人麻呂　② 紫式部　③ 藤原定家　④ 上田秋成

/30点

8

東洋大学
方丈記《ほうじょうき》

学習テーマ▼ 今回は鎌倉時代を代表する随筆を扱います。作者の身の周りに起きた一大事を、後に思い出しながら書き記したものです。冷静な眼で捉えた状況の描写や、鋭い目で観察した人々の心理の記述から、作者の思いやその根底にある価値観を読み取りましょう。

目標解答時間　30分

本冊（解答・解説）p.104

◆次の文章を読んで、後の問に答えよ。

また同じころ（注1）かとよ、おびただしく大地震《おほなゐ》震《ふ》ること侍りき。

そのさま、よのつねならず。山はくづれて河を Ⅰ 埋み、海は傾きて陸地をひたせり。土裂けて水涌き出で、巌《いはほ》割れて谷にまろび入る。なぎさ漕ぐ船は波にただよひ、道行く馬は足の立ちどをまどはす。都のほとりには、在々所々、A 堂舎塔廟、一つとして全からず。或はくづれ、或はたふれぬ。塵灰たちのぼりて、盛りなる煙の如し。地の動き、家のやぶるる音、雷《いかづち》にことならず。家の内に Ⅱ をれば、忽《たちまち》にひしげ ア なむとす。走り Ⅲ 出づれば、地割れ裂く。X 羽なければ、空をも飛ぶべからず。竜ならばや、雲にも乗らむ。恐れの中に恐るべかりけるは、B ただ地震なりけりとこそ覚え侍りしか。

その中に、或る武者のひとり子 イ の、六つ七つばかりに侍りしが、築地のおほひの下に小家を作りて、C はかなげなるあどなし事をして遊び侍りしが、俄《にはか》にくづれ、埋められて、跡形なく、平にうちひさがれて、二つの目など、一寸ばかりうち出だされたるを、父母かかへて、声を惜しまず悲しみあひて侍りしこそ、あはれに悲しく見侍りしか。子の悲しみには猛きものも恥を忘れけりと覚えて、Dいとほしくことわりかなとぞ見侍りし。

かく、おびただしく震ることは、しばしにて止みウにしかども、そのなごり、しばしは絶えず。世の常驚くほどの地震、二三十度震らぬ日はなし。十日、二十日過ぎにしかば、やうやう間遠エになりて、或は四五度、二三度、もしは一日まぜ、二三日に一度など、おほかた、Eそのなごり、三月ばかりや侍りけむ。

(注2)四大種《しだいしゅ》の中に、水、火、風は常に害をなせど、大地にいたりては、ことなる変をなさず。昔、(注3)斉衡《さいかう》のころとか、大地震震りて、東大寺の仏の御首《みぐし》落ちなど、いみじき事ども侍りけれど、なほこのたびにはしかずとぞ。Fすなはちは、人皆あぢきなき事を述べて、いささか心の濁りもうすらぐと見えしかど、月日かさなり、年経にし後は、ことばにかけて言ひ出づる人だになし。

——『方丈記』——

注
1 同じころ——元暦二年（一一八五）七月九日をさす。
2 四大種——仏教で一切の物質を構成する四元素をいう語。地・水・火・風の四つ。
3 斉衡——文徳天皇時代の年号（八五四〜八五七）。

9

問一　傍線部Ⅰ「埋み」・Ⅱ「をれ」・Ⅲ「出づれ」の活用の組み合わせとして正しいものを、次の中から一つ選べ。（2点）

1　サ行四段活用　＋　ラ行下二段活用　＋　ワ行上一段活用
2　ワ行上一段活用　＋　ワ行上一段活用　＋　ラ行上二段活用
3　サ行四段活用　＋　ラ行変格活用　＋　ア行四段活用
4　ザ行下二段活用　＋　ワ行四段活用　＋　ラ行四段活用
5　マ行四段活用　＋　ラ行変格活用　＋　ダ行下二段活用
6　マ行四段活用　＋　ラ行四段活用　＋　ダ行下二段活用

問二　二重傍線部ア「なむ」・イ「の」・ウ「に」・エ「に」と文法上同一のものはどれか。次の中からそれぞれ一つずつ選べ。（各2点）

ア　ひしげなむとす

1　御送りして、とく往なむと思ふに、大御酒たまひ、
2　今日なむ天竺へ石の鉢取りにまかる。
3　「惟光、とく参らなむ」とおぼす。
4　その犬、二人して打たんには、侍りなむや。
5　なりは塩尻のやうになむありける。

イ　ひとり子の

1　灌仏のころ、祭のころ、若葉の梢涼しげに茂りゆくほど、

2　この歌はある人のいはく、柿本人麻呂のなり。

3　その時見たる人の、近くまで侍りしが、語り侍りしなり。

4　よき人の、のどやかに住みなしたる所は、

5　をしと思ふ人やとまると葦鴨のうちむれてこそ我は来にけり

ウ　止みにしかども

1　さて、かしこまりゆるされて、もとのやうになりにき。

2　かくもあられけるよと、あはれに見ゆるほどに、

3　京には見えぬ鳥なれば、みな人見知らず。

4　誰をかもしる人にせむ高砂の松も昔の友ならなくに

5　ほととぎすこぞ見し君もなき宿にいかに鳴くらんけふの初声

エ　間遠になりて

1　母、物語など求めて見せ給ふに、げにおのづから慰みゆく。

2　春過ぎて夏来にけらし白妙の衣干すてふ天の香具山

3　男、異心ありてかかるにやあらむと思ひて、

4　熟田津に船乗りせむと月待てば潮もかなひぬ今は漕ぎいでな

5 花の色は移りにけりないたづらにわが身よにふるながめせしまに

ア	イ	ウ	エ

問三　傍線部A・B・C・D・E・Fの解釈として最も適切なものはどれか。次の中からそれぞれ一つずつ選べ。（各2点）

A　堂舎塔廟、一つとして全からず

1 神社や寺院の建物としては、役に立ちそうにない
2 神社や寺院の建物の一つとして、ふさわしい形をなしてない
3 神社や寺院の建物は、どれ一つとして完全な形で残っていない
4 神社や寺院の建物としては、まだ完成していない
5 神社や寺院の建物として、十分な役割を果たしていない

B　ただ地震なりけりとこそ覚え侍りしか

1 すぐに大きな地震が来るのだろうかと思われました
2 すぐに大きな地震のようであるという感じがしました
3 なんと言っても地震であるよと思われました
4 なんと言っても地震の大きさには驚いたことでした

5 まったく大きな地震であったなあと思い出しました

C はかなげなるあどなし事

1 とりとめのない世間話

2 自信のない頼りなげな行い

3 当てにならない約束ごと

4 つまらないたわいのない遊び

5 無邪気な子どもっぽいしぐさ

D いとほしくことわりかな

1 気の毒で断ることはできないなあ

2 気の毒で無理もないことだなあ

3 可愛らしく思うのはもっともなことだなあ

4 可愛らしいのは分かる気がするなあ

5 かわいそうだが仕方がないことだなあ

E そのなごり、三月ばかりや侍りけむ

1 その思い出は、三か月ほどははっきりとしていたでしょうか

2 その思い出は、翌年三月まではっきりしていたでしょうか

3 その余震は、翌年三月ぐらいまで続いたことでしょうか

4 その余震は、三か月ぐらいも続いておりましたでしょうか
5 その面影は、三か月ほどで薄らいでしまうものでしょうか

F すなはちは、人皆あぢきなき事を述べて
1 そこで、人は皆道理に合わないことを言い合って
2 そこで、人は皆で取るに足りないことを話し合って
3 当座は、人々は皆この世がはかないことを語り合って
4 当座は、人々は皆思い遣りのないことを言い合って
5 すぐに、人々は悪事をたくらんで

A	B	C	D	E	F

問四　波線部Xの「羽なければ……雲にも乗らむ」からは作者のどのような気持ちが読み取れるか。最も適切なものを、次の中から一つ選べ。(3点)
1 地上には逃げ場がないので、大空にのぼりたいという気持ち。
2 地震の実状を、鳥や竜のように空から観察したいという気持ち。
3 鳥や竜ではないので、地上に留まっている方が安全だという気持ち。
4 鳥や竜のように、自由に大空を飛びたいという憧れの気持ち。

5 鳥でも竜でもない、人間として自由を望む気持ち。

問五 次の各文のうち、問題文についての説明として、正しいものには「1」を、正しくないものには「2」を書け。（各1点）

1 大地震の描写は巧妙な対句法によって表現されているが、リアリティーに乏しい文章になっている。
2 大地震によって六歳か七歳の武士の子が、無残にも命を失う時の様子が描写されている。
3 大地震の余震は翌年三月までも続き、その間都の人々は不安な日々を送らなければならなかった。
4 大地震は余震も三か月ほどで収まり、その後都の人々は年月の経過とともに地震のことを忘れた。
5 大地震とは言え、斉衡年間の地震よりは小規模で、むしろ水害、火事、大風の方が恐ろしかった。

1	2	3	4	5

／30点

近畿大学 折《おり》たく柴《しば》の記《き》

学習テーマ▼ 今回は自叙伝を扱います。作者自身が体験した出来事やそれに対する感想を述べています。日記と随筆を併せ持った性質を持った文章で、主語である「私」は省略されています。作者自身がどこで登場するのかに留意しながら読み進め、作者の思いを読み取りましょう。

目標解答時間 30分

本冊（解答・解説）p.116

◆次の文章を読んで、後の問に答えよ。

むかし人は、アいふべき事あればうちいひて、その余はみだりにものいはず、いふべき事をも、いかにもことば多からで、其《その》[1]たりけり。我父母にてありし人々もかくぞおはしける。父にておはせし①人のその年七十五になり給ひし時に、※傷寒をうれへて、事きれ給ひなんとするに、医の来りて※独参湯《どくじんたう》をなむすゝむべしといふ也。よのつねに人にいましめ給ひしは、「年わかき人はいかにもありなむ。イよはひかたぶきし身の、いのちの限りある事をもしらで、薬のためにいきぐるしきさまして終りぬるはわろし。あひかまへて心せよ」とのたまひしかば、此《この》事いかにやあらむとⓐいふ人ありしかど、疾喘《しつぜん》の急なるが、見まゐらするもこゝろぐるしといふほどに、※生薑汁《しやうがじる》にあはせてⓑすゝめしに、それよりいき出で給ひて、つひに其病癒《い》え給ひたりけり。後に母にてありし人の、「いかに、此程は人にそむきふし給ふのみにて、また物のたまふ事もなかりし」ととひ申されしに、「されば、頭のいたむ事殊《こと》に甚《はなは》しく、ウ我いまだ人にくるしげなる色みえし事もなかりしに、日比《ひごろ》にⓒかはれる事もありⒶなむには、②しかるべからず。又エ世の人熱にをかされて、ことばのあやまち多かるを見るにも、③しかじ、いふ事なからむにはと思ひしかば、さてこそありつれ」と答へ給ひき。これらの事にて、④よのつねの事ども、おもひはかるべし。⑤かくおはせしかば、あはれ、問ひまゐらせばやとⓓおもふ事も、いひ出でがたくして、うちすぐる程に、うせ給ひしかば、さてやみぬる事のみぞ多かる。⑥よのつねの事共《ども》は、さてもやあるべき。※おやおほぢの御事、詳《つまびらか》ならざりし事こそくやしけれど、今はとふべき人とてもなし。

（『折たく柴の記』による）

注
傷寒——激しい熱病。今でいうチフスの類に相当。
独参湯——煎じ薬の名。きつけに効くといわれる妙薬。
生薑汁——しょうがのしぼり汁。
おやおほぢ——父親と祖父。

問一 空欄 [1] に入るものとして、最も適切なものを次の中から選べ。（2点）

1 他はいひ　2 善悪を知り　3 初心を案じ　4 義を尽し

問二 傍線部①と同一人物が主語（動作主）であるものを、二重傍線部ⓐ～ⓓの中から選べ。（2点）

1 ⓐ　2 ⓑ　3 ⓒ　4 ⓓ

10

問三　波線部Ⓐと同じ用法の「なむ」として、最も適切なものを次の中から選べ。（2点）

1　うぐひすは植ゑ木の木の間を鳴き渡らなむ
2　かの草をもみてつけぬれば、すなはち癒ゆとなむ
3　容貌もかぎりなくよく、髪もいみじく長くなりなむ
4　わびぬれば身を浮き草の根を絶えて誘ふ水あらばいなむとぞ思ふ

問四　傍線部②はどのようなことか。最も適切なものを次の中から選べ。（4点）

1　この数日で病状が悪い方向に進んでしまうと、これまでと違った苦しい様子を人に見せるかもしれない
2　これまで頭が痛むことはあっても苦しくはなかったが、今回は命が絶えることもあるかもしれない
3　これまでの病気では出なかったような高熱でうなされて、ばかげたことを口走ってしまうかもしれない
4　これまで薬を服用せずとも病気は癒えていたが、状態が急変して薬を服用することになるかもしれない

問五　傍線部③の説明として、最も適切なものを次の中から選べ。（4点）

1　何も言わないに越したことはない

2　何か言うときには細心の注意を払うべきだ
3　言わないのは卑怯だがしかたがない
4　言うべきときには伏線を敷かないほうがよい

問六　傍線部④と⑥が指す内容の組み合わせとして、最も適切なものを次の中から選べ。（4点）
1　④　日ごろの父の病状　⑥　世間一般のこと
2　④　日ごろの父の態度　⑥　世間一般のこと
3　④　世間一般のこと　⑥　日ごろの父の態度
4　④　世間一般のこと　⑥　日ごろの父の病状

問七　傍線部⑤が指す内容として、最も適切なものを次の中から選べ。（4点）
1　ア　いふべき事あればうちいひて、その余はみだりにものいはず
2　イ　よはひかたぶきし身の、いのちの限りある事をもしらで
3　ウ　我いまだ人にくるしげなる色みえし事もなかりし
4　エ　世の人熱にをかされて、ことばのあやまち多かる

問八　本文と内容の合致するものはどれか。最も適切なものを次の中から選べ。（6点）

1　昔の人はあまり多く語らないことを美徳としており、父親もまたそれに従って寡黙な人であった

2　作者の父は口数が少ない人であったため、作者の母は父になぜ話さないのか普段から質問していた

3　父親は七十五歳のときに熱病におかされたが、医者がすすめる薬を断って一時は重体に陥っていた

4　若い人は病にかかったら効き目のある薬をすぐに飲んだ方がよいが、老人は効きすぎるのでよくない

問九　この文章の作者を次の中から選べ。（2点）

1　鴨長明　　2　新井白石　　3　荻生徂徠　　4　契沖

30点

10

11 評論

駒澤大学 俊頼髄脳《としよりずいのう》

学習テーマ▼ 今回は平安時代の歌論を扱います。歌論は、歌に対する筆者の考え方や、歌の良し悪し、歌人への評価などを、具体例や根拠を示して論じたものです。本文で例示されているエピソードの趣旨を意識しながら読み進め、筆者の主張を正しく読み取りましょう。

目標解答時間 30分

本冊（解答・解説）p.126

◆次の文章を読んで、後の問に答えよ。

歌の、八の病の中に、後悔の病といふやまひあり。歌、すみやかに詠み出《い》だして、人にも語り、書きても出だして、のちに、よきことば、節《ふし》を思ひよりて、(1)かくいはでなど思ひて、悔いねたがるをいふなり。さればなほ、歌を詠まaむには、急ぐまじきがよきなり。いまだ、昔より、とく詠めるにかしこきことなし。されば、(2)貫之などは、歌ひとつを、十日二十日などにこそ詠みけれ。しかはあれど、折にしたがひ、事にぞよるべき。

*大江山生野の里の遠ければ文《ふみ》もまだ見ず天の橋立

これは、小式部内侍《こしきぶのないし》といへる人の歌なり。事の起りは、小式部内侍は、和泉式部が娘なり、親の式部が、*保昌《やすまさ》が妻にて丹後に下りたりけるほどに、都に、歌合《うたあはせ》のありけるに、小式部内侍、歌詠みにとられて詠みけるほど、四条中納言定頼《さだより》といへるは、四条大納言公任《きむたふ》の子なり、その人の、たはぶれて、小式部内侍のありけるに、「丹後へ遣はしけbむ人は、帰りまうで来にけむや。いかに(3)心もとなく思《おぼ》すらcむ」と、(4)ねたがらせむと申しかけて、立ちければ、内侍、御簾《みす》より半《なか》ら出でて、わづかに、直衣《なほし》の袖をひかへて、この歌を詠みかけければ、(5)いかにかかるやうはあるとて、つい居て、この歌の返しせdむとて、しばしは思ひけれど、(6)え思ひ得ざりければ、引き張り逃げにけり。これを思へば、心とく詠めるもめでたし。

*いにしへの家の風こそ嬉《うれ》しけれかかることの葉散り来と思へば

後冷泉院の御時に、十月ばかりに、月のおもしろかりけるに、女房たちあまた具して、南殿に出でさせおはしまして、遊ばせたまひけるに、楓《かへで》の紅葉を折らせたまひて、女房の中に伊勢大輔《いせのたいふ》が孫のありけるに、投げつかはして、「この中には、おのれぞせeむ」とて仰せられければ、ほどもなく申しける歌なり。これを聞こしめして、「(7)歌がらはさるものにて、とさこそおそろしけれ」とぞ仰せられける。されば、なほなほ、少々の節はおくれたりとも、とく詠むべしともおぼゆ。おそく詠みて、よき例《ためし》は、申し尽くすべからず。

(『俊頼髄脳』による)

注
大江山 —— 京の北西にある山で、丹後国に行く途中にある。
保昌 —— 藤原保昌。和泉式部の夫。
いにしへの… —— 「有名な歌人の家の伝統こそ嬉しいことである。このようなありがたいお言葉（紅葉の葉）を私に寄せられると思うと」という意味。

11

問一　傍線(1)「かくいはでなど思ひて」の意味内容として、最も適当なものを、次のア〜オの中から選べ。（4点）

ア　こう詠まなくて残念だったと思って
イ　こんなことは詠まないでほしかったと思って
ウ　こう詠んだのも仕方がなかったと思って
エ　こんなことは詠みたくなかったと思って
オ　こう詠まなくてよかったと思って

問二　傍線(2)「貫之」とあるが、この人物が著した文学作品を、次のア〜オの中から一つ選べ。（4点）

ア　十六夜日記　　イ　土佐日記
ウ　更級日記　　エ　讃岐典侍日記
オ　蜻蛉日記

問三　傍線(3)「心もとなく」の意味として、最も適当なものを、次のア〜オの中から選べ。（2点）

ア　気がかりに　　イ　頼もしく
ウ　残念に　　エ　恋しく

オ　意外に

問四　傍線(4)「ねたがらせむ」の中の「む」と、文法的意味・活用形が同じものを、本文中の二重傍線a～eの中から一つ選べ。(2点)

a　詠まむ　　b　遣はしけむ　　c　思すらむ　　d　返しせむ　　e　おのれぞせむ

問五　傍線(5)「いかにかかるやうはある」とあるが、(A)誰の、(B)どのような気持ち、が表われたものか。最も適当なものを、次のそれぞれのア～オの中から選べ。((A)2点、(B)4点)

(A)　誰の

ア　小式部内侍の
イ　和泉式部の
ウ　保昌の
エ　定頼の
オ　公任の

(B) どのような気持ち

ア こっそり独り言を言ったのに、どうしてすぐにこれほどの気の利いた歌を詠めたのだろう、という気持ち
イ 相手に好意を寄せて言葉をかけたのに、どうして怒らせてしまったのだろう、という気持ち
ウ いじわるな言葉をかけたのに、どうしてすぐにこれほどすぐれた歌を詠めたのだろう、という気持ち
エ 両親を思う寂しさを慰めようとしたのに、どうして悲しませてしまったのだろう、という気持ち
オ 自分の本心が知られないような歌を詠んだのに、どうしてすぐに歌を返してきたのだろう、という気持ち

(A)
(B)

問六 傍線(6)「え思ひ得ざりければ」を現代語訳せよ。(6点)

問七　傍線(7)「歌がらはさるものにて、とさこそおそろしけれ」の意味内容として、最も適当なものを、次のア〜オの中から選べ。(6点)

ア　歌の題材はいい加減なものであったが、それにしてもこんなに早く歌を作ってしまうとは不気味だなあ
イ　歌詠みとしての態度はよくはないが、上品で繊細な歌を作ったことは褒めてやらなければならないなあ
ウ　歌の技術はとてもすばらしいが、私の目の前で気後れしないで歌を詠んだのにはあきれるなあ
エ　歌詠みとしての感性はすぐれていると思っていたが、とても平凡な歌を作ったのには驚いたなあ
オ　歌の品格はなかなかのものであるが、何と言ってもすばやく歌を作る能力はたいしたものだなあ

/30点

12 評論

日本大学 毎月抄《まいげつしょう》

学習テーマ▼ 今回は鎌倉時代の歌論を扱います。歌の本質とは何かを、二つの言葉を手がかりに論じています。歌論独特の抽象的な言葉や見慣れない言葉が出てきますが、その意味を文意からくみ取り、本文に示された例示や対比に注意して筆者の主張を正しく読み取りましょう。

目標解答時間 **30分**

本冊（解答・解説）p.136

◆次の問題を読み、後の問に答えよ。

また、歌の大事は、a詞の用捨にてはべるべし。詞につきて強弱大小候ふべし。それをよくよく見したためて、強き詞をば一向《いつかう》にこれを続け、弱き詞をばまた一向にこれをつらね、かくのごとく案じ返し案じ返し、太み細みもなく、bなびらかに聞きにくからぬやうによみなすが、極めて重事《ちようじ》にてはべるなり。申さば、すべて詞にあしきもなくよろしきもあるべからず。ただ続けがらにて歌詞の勝劣はべるべし。幽玄の詞にア鬼《き》拉《らつ》の詞などをつらねたらむは、いと見苦しからむにこそ。されば、「心を本《もと》として詞を取捨せよ。」とイ亡父卿《きやう》も申し置きはべりし。

ある人、花実《くわじつ》のことを歌にたて申してはべるにとりて、「いにしへの歌はみな実《み》を存して花を忘れ、近代の歌は花をのみ心にかけて実には目もかけぬから。」と申しためり。もつともさとおぼえはべるうへ、古今序にもその意はべるやらむ。さるにつきて、なほこの下の了簡《れうけん》、c愚推をわづかにめぐらし見はべれば、心得《う》べきことはべるにや。いはゆる実と申すは心、花と申すは詞なり。必ず、いにしへの詞強く聞こゆるを、実と申すとは定めがたかるべし。古人の詠作にも、心なからむ歌をば実なき歌とぞ申すべき。今の人のよめらむにも、うるはしく正しからむをば実ある歌とぞ申しはべるべく候ふ。

さて、「心を先にせよ。」と教ふれば、「詞を次にせよ。」と申すに似たり。「d詞をこそ詮《せん》とすべけれ。」と言はば、また「心はなくとも。」と言ふにてはべり。所詮、心と詞とを兼ねたらむを、よき歌と申すべし。心・詞の二つは、鳥の左右の翼のごとくなるべきにこそとぞ思うたまへはべりける。ただし、心・詞の二つを共に兼ねたらむは言ふに及ばず、心の欠けたらむよりは、e詞のつたなきにこそはべらめ。

（藤原定家『毎月抄』）

問一　傍線部a～eの解釈として文脈上最も適切なものはどれか。次の①～④からそれぞれ一つずつ選びなさい。（各3点）

a
① 詞の取捨選択でございましょう
② 詞の用い方捨て方でしょうか
③ 詞をどう活用するかでありましょう
④ 詞のはたらき方だけではございません

12

b

① のびのびと多少聞きにくくとも
② 同じように耳で聞いて快く
③ しなやかに聞きにくくないように
④ 太み細みともに並んで聞こえるように

c

① 愚か者の考えで勝手に思ってしまうと
② 私の推測を少しはたらかせてみますと
③ 浅はかな提案ですがいろいろ考え合わせると
④ 自分の愚かな考えを入れずに考えますと

d

① 詞をこそ心を表現する眼目とするのは当然だろう
② 詞というものを第一に考えるべきでないだろう
③ 詞を扱うことこそ仕方がないだろう
④ 詞をこそまず眼目とするべきだろう

e

① 詞を次に見ているのは心外である
② 詞の拙《つたな》い歌は全く問題にならない
③ 詞のよくない歌はどうでしょうか
④ 詞の拙い歌のほうがよいでしょう

a
b
c
d
e

問二　傍線部ア「鬼拉の詞」とはここではどういう意味か。次の①～④から一つ選びなさい。（3点）

① 悪鬼を払う言葉　② たいへん強い言葉　③ 才気ばしった言葉　④ 繊細・優美な言葉

問三　二重傍線部「詞」と一対になる言葉はどれか。最も適切なものを次の①～④から一つ選びなさい。（3点）

① 辞　② 実　③ 心　④ 花

問四　傍線部イ「亡父」とあるのは誰か。次の①～④から一つ選びなさい。（3点）

① 藤原俊成　② 藤原清輔　③ 藤原家隆　④ 藤原顕昭

□　□　□

12

問五　問題文の主旨に最も近いものはどれか。次の①～④から一つ選びなさい。（6点）

① 歌においては、詞の使い方が最優先されるため、何度も何度も案じ返し詠《よ》むのが重要であろう。

② 歌には、心も詞も等しく大事ではあるが、どちらをとるかといえば、心ということになるであろう。

③ 歌というものは、心はともかく詞の続けがらのよしあしによって勝劣は決まってしまうものと心得よ。

④ 昔の歌は、実を重んじ花を忘れ、近代の歌は花ばかり追いかけて、実には目もかけないので劣る。

／30点

大学入試

全レベル問題集
古文

伊藤紫野富 著

3

私大標準レベル

はじめに

皆さんはなぜ古文を学ぶのでしょうか。多くの人は受験のためと答えるでしょう。英語ほどの配点がないにしても、古文が受験に必要不可欠な科目であることは間違いありません。しかし、英語の学習がその後の人生で大いに役立つのに比べると、古文の学習の実用性はほとんどないように見えます。また、英語や現代文では、世界平和や地球環境、市場経済のグローバル化などのテーマが扱われることがありますが、古文は、文字どおり「古い文」ですから、そのような現代的なテーマは一つも扱いません。しかし、そこにこそ古文の味わい深さがあると言えます。古文に描かれているのは、〝人の営み〟です。生きることの意味や愛することの苦悩、芸術への熱情など、時の流れにとらわれない普遍のテーマを投げかけてくれる、激変する世の中で生きる私たちに不変の確かなものを示してくれる、それが古文です。

この問題集は、言うまでもなく、受験生の一助になってほしいという目的で書きましたが、それだけでなく古文の面白さを知ってもらいたいという願いもあって、文章を厳選しました。得点アップは、もちろん狙ってください。この問題集は必ず応えてくれるはずです。でもそれだけではもったいないです。古文の真髄に少しでも触れて、それを心にとどめていただきたいと思います。それはいつかきっと皆さんの心の糧となってくれることでしょう。

伊藤紫野富

目次

この問題集の構成と使いかた

本書は、別冊に問題を、本冊に解答と解説を掲載しています。

別冊（問題）掲載内容

古文ジャンル解説 … 巻頭に古文の五ジャンルの特徴と読解ポイントを示した解説を掲載しています。それぞれのジャンルの特徴を理解して古文本文を読みましょう。

学習テーマ … 各講のはじめに学習テーマを設けています。テーマを意識して問題に取り組みましょう。

問題 … 目標解答時間を示していますので、時間をはかって解いてみましょう。

本冊（解答・解説）掲載内容

作品解説 … 掲載作品の文学史に関する知識をまとめています。

合格点 … 〈予想される平均点＋一問分〉として示しています。

問題文の概要 … 「あらすじ」と要旨をまとめた「内容解説」を掲載しています。

設問解説

● 読解ルール … どの問題にも適用できる、読解に役立つルールを示しています。

● □ … 単語・文法・文学史などの重要事項をまとめています。

● □ … 重要な箇所を品詞分解・訳出しています。

【品詞の略称】

動→動詞　補動→補助動詞　形→形容詞
形動→形容動詞　名→名詞　代名→代名詞　副→副詞
連体→連体詞　感→感動詞　助動→助動詞　格助→格助詞
係助→係助詞　副助→副助詞　接助→接続助詞
終助→終助詞　接尾→接尾語

● 関連メモ … 設問内容から一歩踏み込んだ、知っておくと役立つ知識をまとめています。

● 難 … 高度な読解力や分析力を要する問題に示しています。

現代語訳

別冊の古文本文を再掲載し、その右側には重要文法事項を、左側には現代語訳を、さらに下段には重要語句を掲載しています。

●重要文法事項 … 設問で問われやすい語に次の情報を示し

ています。

・動詞…活用の種類・活用形

例 ヤ行下二段活用動詞の連体形→下二動・体

・助動詞…意味・活用形

例 現在推量の助動詞「らむ」の終止形→現推・終

・助詞…意味

例 格助詞「が」の連体格→連体格

・係り結び・疑問の副詞と文末の連体形は次のように示した。

例 ぞ 強意(↓) みゆる 下二動・体(↑) ／ いかで 反語(↓) む 推量・体(↑)

＊結びの省略は(↓省)。結びの流れ(消滅)は(↑流)。

【活用形の略称】

未→未然形　用→連用形　終→終止形　体→連体形

已→已然形　命→命令形　(撥無)→撥音便無表記

●重要語句…問題文に登場した語の中から、入試頻出の語をまとめました。覚えたら上の□にチェックしましょう。

志望校と「全レベル問題集　古文」シリーズのレベル対応表

シリーズラインナップ	各レベルの該当大学　※掲載の大学名は購入していただく際の目安です。
① 基礎レベル	高校基礎～大学受験準備
② 共通テストレベル	共通テストレベル
③ 私大標準レベル	日本大学・東洋大学・駒澤大学・専修大学・京都産業大学・近畿大学・甲南大学・龍谷大学・東北学院大学・成蹊大学・成城大学・明治学院大学・國學院大學・聖心女子大学・日本女子大学・中京大学・名城大学・京都女子大学　他
④ 私大上位・私大最難関・国公立大レベル	[私立大学] 早稲田大学・上智大学・明治大学・青山学院大学・立教大学・中央大学・法政大学・学習院大学・東京女子大学・南山大学・同志社大学・関西学院大学・立命館大学・関西大学・福岡大学・西南学院大学　他 [国公立大学] 東京大学・京都大学・北海道大学・東北大学・名古屋大学・大阪大学・九州大学　他

学習アドバイスと志望大学別出題分析（2017年現在）

傾向

古文の分量 ……どの大学も中程度（およそ五百字〜千字）です。特に長い文章が出題されることはありません。

古文の難易度 …概ねわかりやすい文章が出題されていますが、一部の大学でやや読みにくい文章が出題されることもあります。

設問形式 ………ほとんどの大学が選択肢方式ですが、一部の大学（学部）では現代語訳や抜き出し問題などが記述式で出題されます。

設問内容 ………どの大学も基本的には、文法、現代語訳、解釈、内容説明、内容合致、文学史などを軸とした総合的な内容です。大学によっては、和歌の修辞などの設問も出題されます。選択肢の作り方も比較的素直で、ひねりの少ない内容になっています。

対策

まず、古文単語は350語ぐらいを目安に覚えましょう。次に、古典文法をしっかり学習してください。動詞や形容詞、係り結びなどの基本から識別や敬語に至るまで、しっかり学習して使いこなせるようにしましょう。その上で、主体判定などを含めた読解力を身につけます。さまざまな形式の設問に触れて、解き方の手順を身につけておきましょう。文学史や和歌の修辞についても基本的な知識は身につけておきたいところです。難解な文章を読んだりする必要はありませんので、比較的読みやすい文章にたくさん触れて、古文の苦手意識をなくすことが大切です。

大学名	古文の分量	古文の難易度	設問形式	設問内容
日本大学	中程度	標準	選択肢方式	文法、解釈、内容説明、文学史など
東洋大学	中程度	標準	選択肢方式	基本的な文法、語句の意味、解釈、内容合致など
駒澤大学	中程度	標準	ほとんどが選択肢方式 一部記述式（現代語訳など）	語句の意味、文法、内容説明、内容合致など
専修大学	中程度	やや難	選択肢方式	文法、語句の意味、主体判定、内容合致、文学史など
中京大学	中程度	やや難	選択肢方式と記述式 （抜き出し、主語など）	文法、解釈、内容合致など
京都産業大学	中程度	やや難	選択肢方式	文法、主体判定、現代語訳、心情説明、文学史など
近畿大学	中程度	やや難	選択肢方式	文法、現代語訳、心情説明など
甲南大学	中程度	標準	ほとんどが選択肢方式 一部記述式 （抜き出しや現代語訳など）	主体判定、文法、語句の意味、解釈など
龍谷大学	中程度	標準	選択肢方式	文法、解釈、内容説明、文学史など

1 説話

甲南大学
古今著聞集《ここんちょもんじゅう》

作品解説 ■ 13世紀（鎌倉時代中期）に成立した世俗説話集。橘成季《たちばなのなりすえ》撰。事実に基づいた古今の説話を載せる。二十巻七百二十六話を、神祇・文学・和歌などの三十編に分類し、年代順に配列する。内容や配列の仕方から、平安時代への憧れが感じられる。

別冊（問題）p. 6

解答

問	解答	配点
問一	b	2点
問二	3	3点
問三	4	3点
問四	2	3点
問五	お起こし申し上げて	4点
問六	2	5点
問七	a 4 / b 1 / c 1 / d 1 / e 5 / f 5 / g 1 / h 2	1点×8
問八	侍れ	2点

合格点 22／30点

問題文の概要

あらすじ ● 小大進という歌人は鳥羽法皇に仕えていたが、待賢門院の御所で着物が紛失した罪を着せられて北野天満宮に閉じ込められた。そこで、北野天満宮の神である菅原道真に、自分の無実を訴える歌を詠むと、神が法皇の夢に現れて、小大進の詠んだ歌のありかを教え、それを見た法皇によって無実が証明された。霊験あらたかな神が感応なさって、真犯人もわかった。

内容解説 ● 無実の罪を着せられた主人公が、優れた歌を詠んだことによって、北野天満宮の神の心を動かし、無実であることが証明されました。古今集の仮名序にあるように、歌が神の心を動かし、その結果利益を得るという典型的な歌徳説話です。

設問解説

問一　文法（「なる」「なり」の識別）

●「なる」「なり」の識別●

1　四段活用動詞「なる」→変化を表す

○○に
○○と
――く（形容詞の連用形）
○○ず（打消の助動詞）
｝＋「なる」　訳 なる

2　断定の助動詞「なり」→眼前の事実を表す

体言・連体形など　＋「なり」　訳 〜である

3　伝聞・推定の助動詞「なり」→耳で得た情報を表す

終止形（ラ変型は連体形）＋「なり」　訳 〜だそうだ。〜ようだ。

4　形容動詞の活用語尾　→状態や様子を表す

――やか
――らか
――か
――げ
｝＋「なり」　＊全体で一語の形容動詞

識別情報に従って、二重傍線部を順に見ていきましょう。

二重傍線部a　直前の「これ」が名詞（体言）ですから、「なり」は断定の助動詞です。

二重傍線部b　直前の「に」は格助詞で、「なり」は変化を表しますので、四段活用動詞です。

二重傍線部c　直前の「雑仕」は名詞ですから、「なり」は断定の助動詞です。

この時点で、aとcが助動詞でbだけが動詞となり、答えを出すことができますが、残りの二重傍線部も確認します。

二重傍線部d　直前の「仁和寺」は名詞ですから、「なる」は助動詞「なり」の連体形です。この「なり」は「所在」を表し、「〜にある」の意味です。

よって、**正解はb**となります。

解答　**b**

問二　解釈

「どのようなことか」という設問は「現代語訳」なのか「内容説明」なのかはっきりしませんが、選択肢を見て判断します。

選択肢は傍線部の解釈になっていますので、まずは、傍線部**1**「験《しるし》なくは」を訳します。

験《①》—なく《②》—は《③》

①名 効果。ご利益。
②形【無し】存在しない。ない。
③係助 順接仮定条件

直訳 ▼ 効果がなければ

選択肢を見ると、「なくは」の訳はすべて「なければ」となっていますので、この設問は**「験」の意味内容を問うもの**だとわかります。「験」の意味を知っていれば答えは簡単に出ます。

傍線部**1**は、北野天満宮に籠もっている小大進の発言の中にあります。神水をこぼしてしまい、それをとがめようとしている検非違使に三日間の猶予が欲しいと小大進は言います。その「猶予」の間に得ようとしているのが、「験」です。**問三**で解説しますが、小大進は着物を盗んだ疑いをかけられていますが無実です。無実を証明してもらおうと、北野天満宮の神に祈って詠んだ歌が6行目の「思ひ出づや」の歌です。**小大進は神に祈ることでそのご利益を得て、無実を証明しようとしている**のです。よって、**正解は3「祈ったことへの効果がなければ」**となります。

解答 **3**

関連メモ **仮定条件**

未然形＋接続助詞「ば」→ 訳 もし〜ならば

形容詞の連用形「(し)く」
打消の助動詞「ず」
} ＋係助詞「は」 訳 もし〜ならば

仮定条件は、接続助詞「ば」を使って表しますが、形容詞と打消の助動詞「ず」は、係助詞「は」を使います。

問三 **語句の意味**

ポイントは「名たつ」の意味です。

なき《①》—名《②》—たつ《③》

①形【無し】存在しない。ない。
②名 うわさ。
③動【立つ】(名前・噂などが) 広まる。評判になる。

※「なき名」＝「身に覚えのない噂」の意味
※「名たつ」＝「噂になる」の意味

直訳 ▼ 存在しない噂になる

「なき名」か「名たつ」のどちらかの意味を知っていれば、答えを出すことができます。「身に覚えのない噂がたつ」と同じ意味になっているのは、選択肢**4**「何の根拠もないところで、自分の名前が人々の噂になる」です。もしどちらも知らないと、小大進の置かれた状況を理解するのにかなりの労力が必要になります。小大進が籠もっている北野天満宮は、前書きにもあるように菅原道真を祭る神社です。**菅原道真は、無実の罪によって太宰府に流され**、失意のうちに亡くなって、その後、神として北野天満宮に祭られました。これを踏まえて、傍線部**2**を含む「思ひ出づや」の和歌の内容を見ましょう。

この和歌は、直前に「小大進」とありますので「小大進」が詠んだものだとわかります。本文1行目「御衣一重失せたりけるを負ひて」は「着物がなくなった罪を受けて」の意味で、**注**に「問拷（＝疑い）」とあるように、「着物を盗んだと疑われた」ということです。罪を疑われて北野天満宮に籠もっている小大進が詠んだ歌ということです。「なき名たつ」を除いて訳すと「（なき名たつ）身はつらかったと、現人神となった昔を思い出してくださいますか」という意味になります。「現人神」は、ここでは北野天満宮の神（＝菅原道真）のことを指します。菅原道真は無実の罪を着せられてつらかったわけですから、**「なき名たつ」は「無実の罪」と同じ意味**になるはずです。「思い出してくださいますか」とは、「思い出してわかってください」の意味です。「同じ境遇にある者ならつらさがわかってもらえるはずだ」という論理が背景にあります。ここまで読んで初めて、**小大進も無実の罪で北野天満宮に籠もっている**のだとわかります。菅原道真の境遇に自分を重ねて、無実の罪を着せられたつらい気持ちを詠んで、お助けくださいと祈っているのです。

解答 4

問四 **現代語訳**

ポイントは「気高し」と「やむごとなし」の意味です。

> ①よに ― ②気高く ― ③やむごとなき
> ① 副 実に。とりわけ。
> ② 形「気高し」高貴である。上品である。
> ③ 形「やむごとなし」重大である。尊い。格別である。

選択肢を見ると、「よに」はどれも強調の意味になっていますので判断の基準にはなりません。「気高し」の意味から、選択肢を**2**と**3**に絞ることができます。

2 きわめて**上品**で身分の高い

3 実に**気品があって**体つきの良い

「気高く」の意味として**4**の「気位が高く」は迷うかもしれませんが、「気位を高くもつ」の意味になるのは「思ひ上がる」と言う古語です。「やむごとなし」には「身分が高い」の意味はありますが、「体つきが良い」という意味はありません。よって、

正解は2となります。法皇の夢に現れた「気高くやむごとなき翁」は、北野天満宮の神様、つまり菅原道真です。 **解答 2**

問五 現代語訳

ポイントは、傍線部**4**の「おどろかし」の終止形「おどろかす」と「参らせ」の終止形「参らす」の意味です。

まずは現代語訳の手順を確認しましょう。

> **●現代語訳の手順●**
> **1 品詞分解**
> **2 直訳**
> **3 手直し——(1)言葉を補う**
> **(2)不自然な表現を改める**

傍線部**4**「おどろかし参らせて」を、手順に従って現代語訳しましょう。

> ①おどろかし｜②参らせ｜③て
> ①動【驚かす】起こす。
> ②補動「参らす」の連用形。謙譲［お～申し上げる］
> ③接助 単純接続
> 直訳 ▼ お起こし申し上げて（九字）

「おどろかす」には「びっくりさせる。起こす」の意味がありますが、ここは法皇の**「御夢に」**とありますので、**寝ている法皇を「起こす」**のだと判断できます。この直訳が、指定の十字以内になりますので、手直しの必要はありません。字数制限がなければ、主体と客体を補って、「北野の神が法皇をお起こし申し上げて」としたいところです。

解答 **お起こし申し上げて**（九字）

配点 「おどろかし」の意味……2点
「参らせて」の意味……2点

問六 内容判定 難

めでたし＝「すばらしい。見事だ」の意味の形容詞で、傍線部**5**は「すばらしいこと」の意味になりますが、選択肢を見ても見当もつきませんので、本文から根拠を探します。

まず、和歌までの内容です。**問三**で解説したように、小大進は着物を盗んだ罪を着せられて、北野天満宮に閉じ込められ監視されています。そして無実を訴える歌を詠んで、薄様（和紙の名前）に書いて御宝殿に貼り付けます。

その続きです。法皇の夢の中に翁が現れ法皇を起こした後、上品で身分の高い翁が、自分は北野天満宮の神だと名乗ります。「北野右近馬場の神」とは、「北野天満宮の神」のことで、つまり**菅原道真が法皇の夢に現れた**ということです。その後に傍線部5「めでたきこと」がありますので、傍線部以降を訳してみます。

「すばらしいことがございますので、ご使者をいただいて、お見せしましょう」となります。つまり、「すばらしいこと」は、この後「**使者が見に行ったもの**」ということです。法皇が目覚めた後、北面の者に「見て参れ」と命令し、その命令を受けた北面の者が見に行ったのが11行目の「馳せ参りて見るに」です。北面の者が見たのは「泣いている小大進」と、「御宝殿に貼ってある歌」です。**北面の者はその歌の書いてある紙を法皇の元へ持って戻りますから**、北野の神が法皇に見せたかったのは、「小大進の歌」だったということがわかります。よって、正解は2「御宝殿に美しい紅の薄様が貼ってあること」です。

小大進が詠んだ歌に心を動かされた神が、小大進の無実を法皇に知らせようとしたのです。しかも、着物を盗んだ真犯人「法師と雑仕」も神が示します。14行目「天神のあらたに歌にめでさせ給ひたりける」は「北野天満宮の神（＝天神様）が霊験あらたかに小大進の歌に感応なさった」という意味で、小大進が優れた歌を詠んだことによって、神様を感動させ、無実を証明してもらったという、まさしく歌徳説話らしい結末です。

解答 2

問七 **主体の把握**

●**敬意の方向**●

誰から
- **地の文**＝筆者から。
- **会話文**＝会話の話し手から。

誰へ
- **尊敬語**＝行為の主体へ。
- **謙譲語**＝行為の客体へ。
- **丁寧語**＝会話の聞き手や本文の読者へ。

主体を把握するときのポイントは、敬語です。まずは選択肢を見ましょう。主体判定問題の選択肢は、登場人物を教えてくれる重要情報ですから、本文を読み始める前に必ず見て確認します。選択肢4「翁」は、**問六**で解説したように、北野天満宮の神（＝菅原道真）のことです。波線部を見ると、敬語の用い方に違いがありますので、そこに着眼して主体判定をします。

波線部a 「申し」は「言ふ」の謙譲語、「給ふ」は尊敬の補助動詞です。「われは」から「見せ候はむ」までが、北野の神の発言ですから、**aの主体は4「翁」**です。

ちなみに、「申し」は「法皇」への敬意、「給ふ」は神（翁）への敬意を表しています。翁（＝神）が法皇に「申し上げなさる」

という意味です。この敬意は後の波線部のヒントになります。

波線部b 「おぼしめす」は「思ふ」の尊敬語です。波線部aの「申し給ふ」までが法皇の夢の内容ですから、bの主体は1「法皇」です。法皇は、夢に現れた神が、すばらしいものを見せようと申し上げなさると「お思いになって」、という意味です。

波線部c 「せ給ひ」は「せ」が尊敬の助動詞、給ひは尊敬の補助動詞ですから、尊敬＋尊敬で最高敬語になっています。「おどろく」は「目覚める」の意味ですから、主体は寝て夢を見ていた1「法皇」です。接続助詞「て」でつながっていますので、波線部bとcの主体は同じです。

波線部d 「仰せ」は「命じる」の尊敬語、尊敬語に接続する「られ」も尊敬の意味ですから、最高敬語です。「御厩」から「馳せよ」までが法皇の発言ですから、dの主体は1「法皇」です。

波線部e 「参り」は「行く」の謙譲語です。法皇の「馳せよ」との命令を受けたのは、北面の者ですから、eの主体は5「北面の者」です。北面の者には尊敬語が使われず、謙譲語が使われていますが、これがヒントです。

波線部f 直前の「これを取りて参る」は「薄様を取って、法皇のところへ参上する」という意味で、波線部fはこの「取って」の主語と同じですから、fの主体は5「北面の者」です。（北面の者が）「参上しないうちに」という意味です。

波線部g 「おぼしめす」は「思ふ」の尊敬語です。ここは、小大進の無実が証明された後の話です。15行目の「かかる問拷を負ふも……」は、法皇から呼ばれた小大進が、「このような疑いがかかるのも、法皇が私を不心得者とお思いになるからだ」と判断して、法皇の元へは戻らず、仁和寺に籠もった、という後日談です。よって、gの主体は1「法皇」です。後日談には「翁」は登場しませんので、尊敬語が使われていることから、主体を「法皇」と判断できます。

波線部h 尊敬語も謙譲語も使われていません。波線部gで解説したように、仁和寺に籠もったのは2「小大進」です。

解答 a 4 b 1 c 1 d 1 e 5 f 5 g 1 h 2

問八 **文法（係り結び）**

●係り結びの法則●

〈係助詞〉	〈結びの語の活用形〉
ぞ・なむ・や・か	――連体形
こそ	――已然形

ポイントは係り結びの法則です。係助詞「こそ」は、文末を已然形にします。よって、傍線部6を含む文末の「めでたく尊く侍れ」の「侍れ」が結びの語になります。

「めでさせ給ひたりける」の「ける」は直後に引用の格助詞「と」がありますので、「天神のあらたに歌にめでさせ給ひたりける」がカッコの中に入ると判断できます。連体形「ける」になっているのは、係り結びではなく、詠嘆の意味を込めた連体止めです。**カッコの外にある係助詞はカッコの中の語にはかかりません。**

解答 侍れ

関連メモ **『古今和歌集《こきんわかしゅう》』仮名序《かなじょ》**

本文最後の「力をも入れずして」について補足説明をします。これは、『古今和歌集』の「仮名序」にある一節で、紀貫之《きのつらゆき》によって書かれました。仮名序は日本で最初に書かれた歌論です。入試で問われる一部を紹介します。

仮名序

やまとうたは、人の心を種《たね》として、万《よろづ》の言《こと》の葉《は》とぞなれりける。世の中にある人、ことわざ繁《しげ》きものなれば、心に思ふことを、見るもの聞くものにつけて、言ひ出《いだ》せるなり。花に鳴く鶯《うぐひす》、水に住む蛙《かはづ》の声を聞けば、生きとし生けるもの、いづれか歌をよまざりける。力をも入れずして天地《あめつち》を動かし、目に見えぬ鬼神《おにがみ》をもあはれと思はせ、男女《をとこをんな》の仲をも和《やは》らげ、猛き武士《もののふ》の心をも慰むるは歌なり。

現代語訳 和歌は、人の心を種として、（それから）生じて口に出た無数の葉となった（ものである）。この世に暮らしている人々は公私さまざまの事件に絶えず応接しているので、心に思っていることを、その見たこと聞いたことに託して言い表しているのである。花間にさえずる鶯、清流に住む蛙の声を聞くと、この世に生を営むものとして、どれが歌を詠まないだろうか（いや、詠まないものはない）。力を入れないで天地の神々の心を動かし、目に見えないたけだけしく恐ろしい神を感激させ、男女の間を親しくさせ、勇猛な武士の心さえもなごやかにするのが歌なのである。

仮名序の前半は和歌の定義を述べています。そして、後半は歌の効用を述べています。「歌は力一つ入れないで神々の心を動かすことができる」、これがまさしく本文の主題になります。小大進の詠んだ歌が北野天満宮の神の心を動かし、無実が証明されたという話です。

仮名序は、歌を論じるときの土台のようなものですから、赤で示した部分はしっかり覚えておきましょう。

現代語訳

鳥羽法皇の女房に小大進といふ歌詠みありけるが、待賢門院の御方に御衣一重失せ

鳥羽法皇に仕える女房に小大進という歌人がいたが、待賢門院の御所で着物が一着紛失したのを（盗

たりけるを**負ひ**て、北野に籠りて祭文書きて**まもら**れ（受身・用）けるに、三日といふに、神水

みを）**身に受け（＝疑われ）**て、北野天満宮に参籠して祭文を書いて**監視され**ていたが、三日目に、神水をこぼしてし

をうちこぼしたりければ、検非違使これに過ぎたる失や（反語（↓））あるべき（推量・体（↑））。出で給へと申しけ

まったので、検非違使は「これ以上の過失があるだろうか、出ていらっしゃい」と申したのを、

るを、小大進泣く泣く申すやう、**公の中の私**と申すはこれ[a]なり（断定・終）。今三日の暇

小大進が泣きながら申すには、「**公の仕事でもときには私情をはさむ**と申しますのはこのことです。あと三日の猶予

をたべ。それに[1]**験**なくは、われを**具し**て出で給へと、うち泣きて申しければ、検非

をください。それで何の**ご利益**もなければ、私を**連れ**てお出になってください」と、泣いて申し上げたので、検非違使もかわい

違使もあはれにおぼえて、延べたりけるほどに、小大進、

そうに思って（日を）延ばすと、小大進は、

思ひ出づや（疑問）[2]**なき名**たつ身は**憂かり**きと**現人神**に[b]なりし（過去・体）昔を

思い出していただけますか。**無実の罪**を着せられて**つらい思い**をしたと、**神**となった昔を。

と詠みて、紅の薄様一重に書きて御宝殿におしたりける夜、法皇の御夢に、[3]**よに**気高

と詠んで、紅の薄様の一重の紙に書いて、御宝殿に貼り付けたが、その夜、法皇の夢に、**実に**上品で**身分の高い**

重要語句

□おふ【負ふ】①ふさわしい。②身に受ける。③（名に負ふ）名として持つ。

□まもる【守る】①じっと見る。②見守り世話をする。

□おほやけのなかのわたくし【公の中の私】公務に私情をはさむこと。

□しるし
【験・徴】①効果。ご利益。②前兆。
【印・標】①目じるし。②合図。③墓。

□ぐす【具す】①連れだつ。②連れて行く。③連れ添う。夫婦になる。

□なきな【無き名】根拠のない評判。

□うし【憂し】①つらい。いやだ。②わずらわしい。③うらめしい。

□あらひとがみ【現人神】①人の姿をした神。②天皇。

□よに【世に】①実に。とても。②まったく（～ない）。

く**やむごとなき**翁の［主格］、束帯にて御枕に立ちて、ややと 4 **おどろかし**参らせて、われは北野右近馬場の神に［断定・用］て侍り。5 **めでたき**ことの［主格］侍る、御使ひ給はりて、見せ候はむ［意志・終］と a申し給ふと b おぼしめして、c うち**おどろか**せ［尊敬・用］給ひて、天神の［主格］見えさせ［尊敬・用］給へる［完了・体］、いかなることの［主格］あるぞ。見て参れとて、御厩の御馬に北面の者を乗せて馳せよと d仰せられければ、e馳せ参りて見るに、小大進は、雨しづくと泣きて候ひけり。**御前**に紅の薄様に書きたる歌を見て、これを取りて参るほどに、いまだ f参りもつかぬ［打消・体］に、鳥羽殿の南殿の前に、かの失せたる御衣を**かづき**て、さきをば法師、あとをば敷島とて、待賢門院の雑仕 cなり［断定・用］ける者、かづきて、獅子を舞ひて参りたりける 6 こそ［強意(↓)］、天神の［主格］**あらたに**歌に**めで**させ［尊敬・用］給ひたりけると、めでたく尊く侍れ［ラ変補動・已(↑)］。すなはち、小

老人が束帯姿で枕元に立ち、「もしもし」とお**起こし**申し上げて、「私は北野の右近馬場の神でございます。**すばらしい**ものがございますのを、ご使者をいただいて、お見せ申し上げましょう」と申し上げなさるとお思いになって、**目をお覚ましに**なって、「天神が（姿を）お現しなさったのは、どのようなことがあるのか。見て参れ」と言って、「御厩の御馬に北面の者を乗せて（馬を）走らせよ」とお命じになったので、北面の者が駆けつけて参上してみると、小大進は（涙を）雨雫のように流して泣いていました。神の**御前**に紅の薄様の一重の紙に書いた歌を見て、これをとって参上するうちに、まだ参上しないときに、鳥羽殿の南殿の前に、あの紛失した着物を**かぶっ**て、前に法師、後ろに敷島といって、待賢門院の雑仕女だった者が、かぶって、獅子舞を舞いながら参上したことこそ、天神の霊験**あらたかに**小大進の歌に**感応**なさってのことだと、すばらしく尊いことでございます。（法皇は）すぐに、小大進をお

□やむごとなし　①高貴で尊い。②並々でない。

□おどろかす【驚かす】①びっくりさせる。②気をひく。③起こす。

□おどろく【驚く】①目を覚ます。②はっと気がつく。

□めでたし【愛でたし】①すばらしく心がひかれる。②喜ばしい。

□おまへ【御前】①（貴人の）前・おそば。②（貴人の敬称で）様。

□かづく
【被く】四段 ①かぶる。②いただく。下二段 ①かぶせる。②与える。
【潜く】①水に潜る。②水に潜って海産物などをとる。

□あらたなり【灼なり】はっきりしている。
【新たなり】新しい。

□めづ【愛づ】①かわいがる。②ほめる。感嘆する。

大進をば召しけれども、かかる問拷を負ふも、心わろきものに［断定・用］ g おぼしめすやうの［主格］あればこそ［強意（↓省）］とて、やがて仁和寺 d なる［断定・体］所に h 籠りゐて［完了・用］けり。力をも入れずしてと、古今集の序に書かれ［受身・用］たるは、これらの類に［断定・用］や［疑問（↓）］侍らむ［推量・体（↑）］。

呼びになったけれども、このような疑いを受けるのも、法皇が（私を）不心得なものだとお思いになっているからこそだと思って、そのまま仁和寺というところに籠もってしまった。（和歌は）力を入れずして（天神地祇を動かす）と、古今集の序に書かれているのは、これらの類でございましょうか。

［出典：『古今著聞集』巻第五　和歌第六］

□やう【様】①形式。②様子。③状態。④理由。⑤方法。

2 説話

成蹊大学 閑居友《かんきよのとも》

作品解説■ 鎌倉時代前期の仏教説話集。二巻三十二話からなり、先行の説話集にない話を載せる。無名な人や女性を主人公とした話が多い。遁世者の心のありようを描き、それを機縁として教化することを目的として書かれた。

別冊（問題） p. 12

解答

問	解答	配点
問一	(1) 5　(2) 4　(3) 2　(4) 1　(5) 3　(8) 2	1点×6
問二	D	2点×3
問三	エ	
問四	4	
問五	5	問五4点、問六2点、問七3点
問六	3	
問七	2	
問八	高貴な人でも、心は市の中の乞食のように世俗の執着を捨てて、一途に仏道修行をすべきである。	5点
問九	1	2点×2
問十	3	

合格点 22／30点

問題文の概要

あらすじ● 大勢の弟子を抱えて山中で修行生活を送っていた空也上人は、ある日突然姿を消してしまう。市で物乞《ものご》いをしていた上人は、弟子の世話からも解放され、市の中は快適で仏道修行に専念できると弟子に語った。編者はこの上人の生き方に共感し、高貴な人もこのような仏道心を持つべきだと述べている。

内容解説● 主人公の空也上人の一切の物欲を断った生き方は、理想的な出家者の姿です。高貴な人であっても、市の中で仏道修行に専念した主人公と同じ気持ちにならなければならないと説いています。典型的な仏教説話です。

2

設問解説

問一　語句の意味

設問文では現代語訳となっていますが、実際には語句の意味を問う設問です。ただし、複数の意味を持つ語句もあり、文脈を踏まえて判断することが必要です。順に見ていきましょう。

傍線部(1)「月ごろ」は「数ヶ月間」の意味の名詞です。よって、**5「数ヶ月」が正解**です。

> **関連メモ**　**期間を表す重要単語**
> 日ごろ＝「数日間・数日来」の意味
> 年ごろ＝「長年の間・数年来」の意味

傍線部(2)「あやし」は形容詞の語幹です。そこに連体修飾格の「の」が接続して連体修飾の働きになっています。「あやし」は**不可解なさま**を表す形容詞で、意味はさまざまです。選択肢の1～5の意味をすべて持っています。そこで、本文を見ます。「あやしの薦《こも》」の下に「ひきまはしたる」とありますから、「薦」は敷物のようなものだとわかります。敷物を修飾する語としてふさわしくない1「不思議な」と3「不審な」5「奇妙な」を除くことができます。2「珍しい」はプラスの評価、4「粗末な」はマイナスの評価ですから、どちらがよいか判断します。

傍線部(2)の後の「食ひ物のはしばし受け集め」は、上人が市で乞食をしているということです。「乞食」とは、仏道修行のために食べ物などの施しを受けることですから、乞食をしているところに敷いてあるのはマイナスの評価のものだと判断できます。よって、**4「粗末な」が正解**です。「薦」は藁《わら》などで作った筵《むしろ》のことで、物欲を捨てて命をつなぐための最小限のものしか求めない上人の姿が描かれています。

傍線部(3)

> ①さすが ― ②ゆかしく ― ③て
> ① 副 そうは言ってもやはり。
> ② 形「ゆかし」見たい。知りたい。
> ③ 接助 単純接続

「ゆかし」は「見たい、知りたい」といった**好奇心を表す**形容詞です。これと合致するのは、**2「やはり知りたくて」**です。格助詞「と」と接続助詞「て」は、前後の内容が一致しますので、直前の「いかすぢの人ならむ」、直後の「さし寄りて」もヒントです。乞食をしている人物が上人とは知らない弟子が、「どういう素性の人だろう」**と**「知りたがっ」**て**「近寄ってきた」のです。

傍線部(4)「あな」は感動詞、「あさまし」は形容詞の終止形で、感嘆文になっています。「あさまし」は**驚くべき様子**を表す語で、さまざまな意味があり、選択肢1〜5の意味をすべて持っています。そこで、本文を見ると、この部分は、市で物乞いをしているのが上人だと知った弟子の発言です。「ものさわがしきとのたまはせしうへに、かきくらし給ひてし後は、ふつに、世の中にまじらひていまそかるらんとは思はざりつるを（騒がしいとおっしゃったうえに、姿をくらましなさった後に、このような俗世間にいらっしゃるとは思わなかった）」とありますので、**弟子にとって上人が市にいたことは予想外だったということです**。よって、**1「ああ、思いがけないことだ」が正解**となります。

・あさまし＝「意外だ・話にならない・情けない・みすぼらしい・浅はかだ」など。

●形容詞の語幹の用法●　＊シク活用の場合は終止形が語幹の働きをする。

1　感嘆文を作る

「あな」＋形容詞の語幹

例 あな、めでた。 訳 ああ、すばらしい。

「めでた」は形容詞「めでたし」の語幹

2　語幹＋「の」＋「名詞」

連体格の「の」を伴って下の名詞を修飾する

例 めでたのさま（＝めでたきさま） 訳 すばらしい様子

3　理由を表す

名詞＋「を」＋形容詞の語幹＋「み」

→「○○が△△ので」の意味を表す。

例 山を高み、 訳 山が高いので、

「高」は形容詞「高し」の語幹

傍線部(5)「いまそかる」は、「あり」の尊敬語のラ変動詞「いまそかり」の連体形です。尊敬語の訳になっている**3「いらっしゃる」が正解**です。

関連メモ　セットで覚える　ラ変動詞

あり・をり・はべり・いますがり

傍線部(8)「たより」も多義語で、選択肢1〜5の意味をすべて持っています。本文を見ると、「観念たよりあり」とあります。「観念」は、仏教語で「心を静かにして、仏の教えの深さに思いを致し、真理を観察すること」です。これを知っていれば、**「たより」は2の機縁という意味にしかとれません**。上人は市でさまざまな人の姿を見ることが「観念」のきっかけになる、と言っています。上人が市で目にしたさまざまな人については、問四と問五で解説します。

・たより【便り・頼り】＝「頼み・機会・便宜・音信・具合・機縁」などの意味。

解答 (1) 5　(2) 4　(3) 2　(4) 1　(5) 3　(8) 2

問二　文法（敬語）

ポイントは敬語の種類です。選択肢を見ます。

A「おはし」B「のたまひ」C「給ひ」は尊敬語で、暗記すべき単語です。D「聞こえ」とE「侍り」を本文で確認します。

Dは「育み聞こえ」とありますから、用言の下に接続している「聞こえ（聞こゆ）」は謙譲の補助動詞です。Eの「侍り」には丁寧語と謙譲語の用法があります。「思ひやられ侍り」は、自発の助動詞「れ」が間にありますが、用言「思ひやら」の下にありますので、「侍り」は本来の意味を失った丁寧の補助動詞です。よって、正解はDとなります。

解答 D

「聞こゆ」と「侍り」には三つの用法がありますので、それぞれまとめます。

●「聞こゆ」の用法●
1 「聞こえる・噂される・意味が通じる」の意味の動詞
2 「言ふ」の謙譲語→「申し上げる」の意味
3 謙譲の補助動詞＝用言＋「聞こゆ」→「〜申し上げる」の意味

●「侍り」の用法●
1 「あり」の丁寧語→「あります・ございます」の意味
2 「あり」の謙譲語→「お控え申し上げる」の意味
3 丁寧の補助動詞＝用言など＋「侍り」→「〜ます」の意味

問三　文法（助動詞の識別）

ア「給ひにけり」は「給ふ」の連用形に接続し、「に」＋「けり」の形を取っていますので、「に」は完了の助動詞「ぬ」の連用形です。

●「に」の識別●
1 体言・連体形＋「に」→格助詞　訳 〜に

2　連体形＋「に」訳～ので・～と・～のに
→接続助詞

3　［体言／連体形］＋「に」＋「あり」訳～である
→断定の助動詞「なり」の連用形

4　連用形＋「に」＋［「けり」／「き」］（過去の助動詞）訳～た
→完了の助動詞「ぬ」の連用形

5　「―に」で一語で、活用する語
→形容動詞の連用形の活用語尾

6　「―に」で一語で、活用しない語
→副詞の一部

イ「ならねば」　断定の助動詞「なり」の未然形に接続していますので、「ね」は打消の助動詞「ず」の已然形です。

●「ね」の識別●
・未然形に接続　→打消の助動詞「ず」の已然形
・連用形に接続　→完了の助動詞「ぬ」の命令形

ウ「ならむ」　断定の助動詞「なり」の未然形に接続している、推量の助動詞です。上に疑問を表す語「いかすぢ」があります。疑問を表す語句がある場合、文末は連体形になりますので、「む」は連体形となります。

エ「泣きけるとなん」　引用の格助詞「と」の下にありますから、「なん（なむ）」は係助詞で、下に「言ふ」などの語が省略されています。

●「なむ（なん）」の識別●
1　未然形＋「なむ」→願望の終助詞［～てほしい］
2　連用形＋「な」＋「む」
→完了（強意）の助動詞「ぬ」の未然形＋推量の助動詞「む」
3　名詞など＋「なむ」　→強意の係助詞
＊文末は係り結びで連体形になる。
＊「なむ」がなくても文意は通じる。
4　ナ変動詞の未然形語尾「―な」＋推量・意志の助動詞「む」
例 死なむ　訳 死ぬだろう

オ「侍るにや」　ラ変動詞「侍り」の連体形に接続し「～である」と訳せますので、「に」は断定の助動詞「なり」の連用形です。「や」は係助詞で、下に「あらむ」などの語が省略されています。

よって、助動詞でないのは、エとなります。

解答 エ

問四 **解釈**

> **●内容説明のルール●**
> **1 傍線部を訳す**
> **2 わかりやすい表現に直す**

傍線部(6)は、市の中で修行する空也上人の発言の中にあり、空也上人が観察している人々の様子を述べています。

ポイントは**「頭に雪」**の意味です。「頭に雪をいただく」は「頭に雪をのせる」の意味ですが、**「年老いて白髪頭になる」**ことを表します。それを訳出している選択肢は、4の「年老いて白髪になっても世渡りにあくせくする」だけです。3も「白髪」という言葉はありますが、白髪の原因が「苦労」ですから不適です。よって、正解は4となります。「走る《わし》」には「あくせくする」の意味がありますが、「世の中を走る」を「世渡りにあくせくする」と訳すのはなかなか難しいでしょう。「頭の雪」を知っていれば答えを出すことは容易です。ちなみに「世渡りにあくせくする」とはどういう状態でしょうか。「目先のことにとらわれて日々落ち着かない暮らしをしている」ということです。

解答 4

問五 **解釈**

傍線部(7)も空也上人の発言の中にあり、空也上人が観察している人々の様子を述べています。ポイントは、「後の世を忘れ」の意味することです。傍線部を訳します。

> ①悔しかる／②べき／③後／の／世／を／④忘れ／たる／人
>
> ①形「悔し」後悔する様子を表す。
> ②助動「べし」の連体形。推量［〜だろう］
> ③後の世＝「来世」の意味
> ④忘れたる人＝忘れている人
>
> 直訳▼後悔するであろう来世を忘れている人

「後悔する」の意味を訳出している選択肢は2と5です。「忘れたる」は「そういう考えがない」ということですから、直訳をわかりやすく言い換えると、**「来世で後悔することを考えていない人」**となります。2は「後悔することのない」となっていて「考えがない」という意味を訳出していません。よって、正解は5「来世で現世の行いを後悔することになると思っていない人」となります。直訳ではやや不自然ですから、選択肢はわかりやすい表現になっています。

傍線部(7)の直前に「目の前に偽りを構へて」とありますが、

これは「目先の利益のために嘘偽りを作り出す」の意味です。わかりやすく言うと「嘘をついたりしたら死んだ後、地獄に落ちて後悔することになるのに、それを考えていない人」ということです。**問四**で見た「市で目先のことにとらわれてあくせく暮らしている人」や「死後に後悔するとも知らずに嘘をついている人」は仏の教えに背いていて、上人とは真逆の生き方をしている人です。そして、上人はこのような人を見ると悲しい、しかしそれは観念の機縁になる、と言うのです。仏の教えに背く生き方をした人たちが、上人にとっては反面教師になっているということです。

解答 5

問六 適語の補充（係り結び）

読解ルール 文末の空欄は係り結びをチェックせよ！

文末にある空欄は、まずは係助詞を確認し、係り結びになるかどうか確認します。空欄の前の部分の「いにしへはそこになむ」の「なむ」が係助詞で、文末が結びになりますので、空欄には連体形が入ります。選択肢の中で連体形になっているのは**3**「侍る」しかありませんので、**3が正解**です。

解答 3

●係り結びの法則●

〈係助詞〉	〈結びの語の活用形〉
ぞ・なむ・や・か	―――**連体形**
こそ	―――**已然形**

問七 解釈

「さこそは」の後に、どのような内容が省略されているかがポイントです。「さこそ」は、「そのように・さぞかし」の意味の連語です。この意味を訳出しているのは選択肢**1**と**2**です。

1 そのように上手くは育てられなかったはずだ。

2 さぞかし心が落ち着かないことであったろう。

傍線部(9)の下の「思ひやられ侍り」の主語は編者で、第三段落は空也上人の逸話に対する編者の感想が述べられています。傍線部の直前の「まことにあまたの人を育まんとたしなみ給ひけむ」は、空也上人が大勢の弟子を育てていたことを指していますので、**「さこそ」は、「弟子を育てていたこと」に対する編者の感想**だと判断できます。空也上人が弟子について言及しているのは、第二段落10行目の「そこたちを育み聞こえん」のところです。上人は弟子を育てる「心のうちのものさわがしさ、ただおしはかり給ふべし」と、弟子に訴えています。「おしはかる」は、「さこそはと」の下の「思ひやる」と同じ「推量する」の意味ですから、弟子に向けられた上人の言葉を受けて、編者も上人の「心のものさわがしさ」を「さぞかし」と推量しているということです。よって**正解は2「さぞかし心が落ち着かないことであったろう。」**となります。「さこそは」の下に「ものさわがしかりけめ」が省略されているということです。

冒頭の「あなものさわがしや」という発言は、「弟子が大勢いてがやがやとうるさい」という意味ではなく、「弟子の面倒を見るのは心が落ち着かない」という意味だったということです。弟子の世話が煩わしかったという発言は、現代的に見ると、上人が自己中心的な人物であるように感じますが、そうではありません。仏教説話には独特の価値観があって、仏道修行に専念することこそが一番大切なことですから、弟子の存在は修行を妨げるものだということです。

解答 2

問八 解釈 難

最後の段落では、上人のエピソードから得られる教訓を編者が述べています。傍線部⑽の最後の「べき」が、教訓であることを示しています。傍線部⑽をまずは訳しましょう。

身―は―①錦―の―②帳―の―中―に―あり―③とも、―心―に―は―市―の―中―に―まじはる―思ひ―を―なす―べき

① 名 美しい厚手の絹織物。
② 名 室内の仕切りや外との隔てとして垂れ下げる布。
③ 接助 逆接仮定［たとえ〜にしても］

直訳 ▼ 身は錦の帳の中にあったとしても、心の中では市の中にまじわっているという思いをするべき

「錦」は高級織物ですから、「錦の帳の中」は「貴人の住まい」を表し、「市の中」と対比的に用いられています。傍線部⑽の直前の「すみやかにこの空也上人のかしこきはからひにしたがひて」に注目してください。これは、「空也上人のすぐれた考えに従って」という意味です。**「かしこき」は褒め言葉**です。よって、編者は空也上人を見習いなさいと言っているわけです。よって、「市の中にまじはる」とは言うまでもなく空也上人が、市の中で乞食をして仏道修行に専念していたことを指します。よって、直訳を手直しすると、「たとえ身分の高い人でも、心の中では市の中で仏道修行に専念する乞食のような心を持たなければならない」となります。これを四十五字程度にまとめて、**「高貴な人でも、心は市の中の乞食のように世俗の執着を捨てて、一**

途に仏道修行をすべきである。」を正解とします。この文章が仏教説話であることを知っていれば、それも大きなヒントになります。

解答 **高貴な人でも、心は市の中の乞食のように世俗の執着を捨てて、一途に仏道修行をすべきである。**（四十四字）

配点
高貴な人……………………………1点
乞食のように世俗の執着を捨てていること…2点
一途に仏道修行に励むべき……………………2点

問九　文法（助動詞）

直前の「べき」は推量の助動詞「べし」の連体形ですから、「な」は断定の助動詞「なり」の連体形「なる」の撥音便「なん」の無表記です。よって、**正解は1**となります。　**解答** **1**

問十　文学史

1　**宇《う》治《じ》拾《しゅう》遺《い》物語《ものがたり》**　→鎌倉時代の世俗説話。
2　**古今著聞集《ここんちょもんじゅう》**　→鎌倉時代の世俗説話。橘成季著。
3　**愚管抄《ぐかんしょう》**　→鎌倉時代の歴史書。慈円《じえん》著。
4　**十訓抄《じっきんしょう》**　→鎌倉時代の世俗説話。
5　**発心集《ほっしんしゅう》**　→鎌倉時代の仏教説話。鴨長明《かものちょうめい》著。

よって、**正解は3**となります。

世俗説話と仏教説話では内容が大きく異なります。どちらの説話なのかを知っていることは読解の助けになりますので、頻出作品についてはジャンルを覚えておきましょう。　**解答** **3**

現代語訳

昔、空也上人、山の中にAおはしけるが、常には、「あなもの**さわがしや**」とBのた
昔、空也上人が、山の中にいらっしゃったが、いつも、「ああ、**騒がしい**なあ」とおっしゃったので、

重要語句
□さわがし【騒がし】①やかましい。②忙しい。③落ち着かない。

まひければ、**あまた**ありける弟子たちも、慎みてぞ（強意(↓)）侍りける（過去・体(↑)）。たびたびかくありて、

たくさんいた弟子たちも、（騒音を立てないように）気をつけていました。しばしばこういうことがあって、

ある時、かき消つやうに、**失せ**給ひアに（完了・用）けり。心の（主格）及ぶほど尋ねけれども、**さらにえ**遇《あ》ふ事もなくて(1)月ごろになりぬ（完了・終）。**さてしもあるべき**ならイね（打消・已）ば、みな思ひ思ひに散りに（完了・用）けり。

ある時、かき消すように、（空也上人は）**いなくなって**しまわれた。（弟子たちは）考えの及ぶ限り探し求めたけれども、**まったく**出会うことも**できなくて数ヶ月**が経ってしまった。**いつまでもそのままでいる**わけにもいかないので、皆思い思いに散り散りになってしまった。

かかるほどに、ある弟子、なすべき事ありて、市に出でて侍りければ、(2)**あやし**の薦《こも》ひきまはしたる中に、人あるけしきし（サ変動・用）て、前に異やうなるものさし出だして、食ひ物のはしばし受け集めて置きたるありけり。「いかすぢの人ならウむ（推量・止）」と、(3)**さすがゆかし**くてさし寄りて見たれば、行方なくなして（完了・用）し（過去・体）我が師に（断定・用）ておはしける。「(4)**あなあさまし**。ものさわがしきとのたまはせし（過去・体）うへに、かきくらしC給ひて（完了・用）し（過去・体）後は、ふつに、世

こうしているうちに、ある弟子が、しなくてはならない用事があって、市に出かけましたところ、**粗末な**むしろを張りめぐらした中に、人がいる気配がして、前に異様なものを差し出して、食べ物の端くれを受けて集めて置いている人がいた。「どんな素性の人だろうか」と、**やはり知りたく**て近寄って見たところ、行方不明としていた我が師でいらっしゃった。「ああ、**思いがけない**ことだ。騒がしいことだとおっしゃったうえに、姿を消しなさった後は、世の中に交わっ

□あまた【数多】①たくさん。②非常に。

□うす【失す】世から消える。命をなくす。

□さらにえ…（打消の語）まったく（…できない）。

□つきごろ【月頃】数ヶ月来。

□さてしもあるべし　そのままでよい。

□あやし
【賤し】①粗末だ。②身分が低い。
【奇し】①不思議だ。②並々でない。

□さすが　そうはいってもやはり。

□ゆかし　①～したい（見たい・聞きたい・知りたい・読みたい）。②心ひかれる。

□あさまし　①驚きあきれる。②情けない。③ひどい。見苦しい。

の中にまじらひて(5)いまそかる**らん**とは思はざりつるを」といひければ、「もとの住処

現推・終

「もとの住みかは
ていらっしゃるだろうとはまったく思いもしなかったのに」と言ったところ、

のものさわがしかり**し**が、このほどは**いみじく**のどかにて、思ひ**し**よりも心も澄みま

主格　過去・体　過去・体

騒がしかったが、この辺りは**たいそう**静かで、思ったよりも心もずっと澄んでいる

さりて**なむ**侍る**なり**。**そこ**たちを育みD聞こえ**ん**とて、とかく思ひめぐらし**し**心のう

強意(↓)　断定・終＊　意志・終　過去・体

のです。**あなた**たちをお育て申し上げようと思って、あれこれ思いめぐらした（私の）心の騒が

ちのものさわがしさ、ただおしはかり給ふべし。この市の中は、かやうにてあやしの

しさを、よく推しはかってください。この市の中は、このようにして粗末なものを差し出

物さし出だして待ち侍れば、食ひ物**おのづから**出で来て、さらに乏しき事なし。心散

して待っていますと、食べ物が**自然と**現れて、まったく不自由することがない。気の散

るかたなくて、ひとすぢにいみじく侍り。また、(6)**頭《かうべ》に雪**をいただきて世の中を走《わし》るた

ることがなく、ひたすらすばらしいのです。また、**年老いて白髪になって**も世渡りにあくせくするような人

ぐひあり。また、目の前に偽りを構へて、(7)悔しかるべき**後の世**を忘れたる人あり。

がいる。また、目先の利益のために嘘偽りを企てて、後悔するはずの**来世**の報いを忘れている人がいる。

これらを見るに、悲しみの涙かきつくすべきかたなし。観念(8)**たより**あり。

これらの人々を見ると、悲しみの涙をかき尽くしようもない。（心を静かにし、仏の教えの深さに思いを

心しづかなり。いみじかりける所**なり**」と**ぞ**侍り**ける**。

断定・終　強意(↓)　過去・体(↑)

致し、真理を観察する）観念の**機縁**がある。（私の）心は落ち着いている。すばらしいところだ」という（空也上人の）答えが

□ いみじ　①みすぼらしい。②ひどい。恐ろしい。③並々ではなくたいそうなことだ。

□ そこ　①そこ。②おまえ。あなた。

＊ここは係り結びの法則に従っていない。

□ おのづから【自ら】①自然に。②たまたま。③もしかすると。

□ かうべのゆき【頭の雪】白髪。

□ のちのよ【後の世】①後世。②死後の世界。

□ たより【頼り・便り】①よりどころ。縁故。②よい機会。ついで。③手段。④ぐあい。配置。

弟子も涙に沈み、聞く人もさくりもよよと泣きけるとエなん〔強意(↓省)〕。

ありました。弟子も涙にくれ、聞く人もしゃくりあげ、おいおいと泣いたということだ。

その跡とかや〔疑問〕、北小路猪熊《いのくま》に石の卒塔婆の〔主格〕侍るめるは、いにしへはそこになむ〔強意(↓)〕市の

その跡というのだろうか、北小路猪熊に石の卒塔婆がありますようなのは、昔はそこに市が立っていたのです。

立ちけるに侍る〔ラ変補動・体(↑)〕。あるいは、その卒塔婆は玄昉《げんばう》法師のために空也上人の〔主格〕建て給へり

あるいは、その卒塔婆は玄昉法師のために、空也上人がお建てになったとも申しますでしょうか。

けるとも申し侍るオに〔断定・用〕や〔疑問(↓省)〕。まことにあまたの人を育まん〔意志・終〕とたしなみ給ひけむ、(9)さこそ〔強意(↓省)〕

本当にたくさんの人を育てようと心がけなさったということは、さぞかし心が落ち着

はと思ひやられ〔自発・用〕E侍り。

かないことであっただろうと想像しないではいられません。

あはれ、この世の中の人々の〔主格〕、いとなくとも**事も欠く**まじきもののゆゑに、あまた居

ああ、世間の師である僧たちが、ひまがなくても**不自由する**わけではないために、大勢の弟子た

まはりたるを、いみじき事に〔断定・用〕思ひて、これがためにさまざまの心を乱ること、

ちが周りを囲んで座っているのを、すばらしいことだと思って、この者たちのためにさまざまに心が乱れることは、

はかなくも侍るかな。命の数満ち果てて、ひとり中有の旅に赴かん〔婉曲・体〕時、誰か〔反語(↓)〕随ひ**とぶ**

つまらないことですよ。寿命が尽きて、ひとり中有の旅に赴くような時、誰か後を**追って行く**者がいるだろうか。

らふ者あらん〔推量・体(↑)〕。すみやかにこの空也上人の**かしこきはからひ**にしたがひて、(10)身は錦の

ただちにこの空也上人の**尊い考え**に従って、身は錦の帳の

□ことかく【事欠く】不自由する。

□はかなし【果無し】①頼りない。②ちょっとした。つまらない。

□とぶらふ【訪ふ】①訪問する。②見舞う。【弔ふ】弔問する。

□かしこし【賢し】①優れている。②利口である。③はなはだしい。【畏し】①恐ろしい。②恐れ多い。

□はからひ【計らひ】考え。判断。

帳の中にありとも、心には市の中にまじはる思ひをなすべき(11)なめり。

断定（撥無）　推量・終

中にあるといっても、心には市の中に交わるような思いをしなければいけないようだ。

〔出典：『宝物集　閑居友　比良山古人霊託』上巻四〕

2

3 物語

國學院大學 源氏物語《げんじものがたり》

解答

問一	問二	問三	問四	問五	問六		問七	問八	問九
(a) ウ (f) ア	ア	イ	(d) イ (e) ア	イ	(A) 1 オ 2 ア 3 エ	(B) 1 ウ 2 オ 3 イ	エ	エ	ア
2点×2	2点	3点	2点×2	3点	1点×6		2点	3点	3点

合格点 23／30点

作品解説■ 平安時代中期の長編物語。紫式部《むらさきしきぶ》作。「桐《きり》壺《つぼ》」から「夢浮橋《ゆめのうきはし》」まで全五十四帖《じょう》。前半は光源氏を、後半は光源氏の子 薫《かおる》大将を主人公として、さまざまな愛と苦悩を描く。「橋姫」以降の十帖は、「宇治《うじ》十帖」と称される。後代の日本文学に大きな影響を与えた。

別冊（問題） p. 20

問題文の概要

あらすじ ● 帝は絵に関心を寄せていたので、絵の上手な斎《さい》宮女御《ぐうのにょうご》に心を惹かれ女御の局へ足しげく通っていく。それを聞いた権中納言《ごんのちゅうなごん》は、自分の娘も負けてなるものかと優れた絵師に物語絵や月次絵《つきなみえ》などを見事に描かせた。特に入念に描いてあるものは隠したりする権中納言の子どもじみた態度を大臣《おとど》は笑う。

内容解説 ● 帝の寵愛《ちょうあい》を受けることは女本人だけでなく、その父親にとっても一大事でした。絵を好む帝の気持ちを自分の娘に向けようと、子どもじみたふるまいをする権中納言とそれを笑う大臣が対照的に描かれています。

光源氏（＝大臣）―― 斎宮女御
＝
帝（＝上）
＝
権中納言 ―― 弘徽殿女御

設問解説

問一　現代語訳

まずは、前書きを見て、本文に登場する人物や設定状況を確認します。「『上《うえ》』の寵愛をめぐり、二人の娘が競っている」という状況ですから、「上」が二人の女性のどちらを愛するのか、を意識しながら読み進めます。

傍線部(a)　ポイントは「已然形＋ば」の訳です。まずは「好ま」の主体判定をします。本文冒頭に「上」と主語が明記されています。傍線部(a)には主語が省略されていますが、それは書く必要がないからです。つまり「上」の主語が継続しているということです。品詞分解して直訳をします。

たてて①—好ま—せ②—たまへ③—ば④—に⑤—や⑥

① 副　特に。
② 助動「す」の連用形。尊敬［〜なさる］
③ 補動「たまふ」の已然形。尊敬［〜なさる］
④ 接助　順接確定条件［〜ので・〜から］
⑤ 助動「なり」の連用形。断定［〜である］
⑥ 係助　疑問［〜か］（下に「あらむ」などが省略されている）

直訳▼特に好みなさるからであろうか

「たてて」は、元は動詞「立て」＋助詞「て」ですが、一語の副詞として使われるようになった語です。「好ま」の主語は「上」ですから、「せ」を尊敬の意味にとることができます。

選択肢を見ると、**接続助詞の順接確定条件を正しく訳出しているのはウ**「格別に関心を寄せていらっしゃるからだろうか」しかありません。「たてて」「好む」「せたまへ」すべての訳にも間違いはありません。よって、**ウが正解**です。

已然形＋ば＋に＋や ⇒「〜だからだろうか」の意味

「好む」という言葉が出てきましたが、これは「上が絵に格別に関心を寄せていた」という状況です。これは、今回の話の展開を見極める重要な前提となります。

関連メモ　「好く」の派生語

「好く」は「強く興味を持つ・風流の道に熱心である」「色恋に打ち込む」の意味です。派生語には次のような重要語句があります。

- 好き（数奇）＝「風流の道に心を寄せること。色好み」の意味
- 好き者＝「物事に深く興味を持ち熱中する人（＝好事家）。好色な人」

風流と恋愛を同じカテゴリーにしているのがおもしろいです。

傍線部(f) 選択肢を見ると「より」はすべての選択肢が「よりも」と訳していますので、比較の格助詞だとわかります。「ありし」と「けに」の意味が決め手になります。
「ありし」は二通りの品詞分解が考えられます。

> 1 ありし＝「以前の。生前の」の意味の連体詞
> 2 「あり」＋「し」＝「あり」はラ変動詞「あり」の連用形、「し」は過去の助動詞「き」の連体形で、「生きていた」の意味

連体詞「ありし」は、「あり」＋「し」が活用しない一語として使われるようになったものですから、品詞の違いではなく文脈に合う意味かどうかを考えて判断します。

> けに＝「異に」。「特に。いっそう」の意味の副詞。
> 直訳 ▼ 1 以前よりもいっそう
> 2 生きていた時よりもいっそう

直訳から選択肢をアとオに絞ることができます。

読解ルール **傍線部の前後に根拠あり！**

傍線部の直後の「御思ひまされる」は、**美しい斎宮女御が風情ある絵を描く姿がかわいらしくて、上の女御への「寵愛がまさっていった」という状況**です。オ「生きていた時より」では、「死んだ後」の話になってしまい、矛盾します。よって、「ありし」は「以前」の意味と判断できます。「ありし」を「以前」と訳しているのは、アです。「けに」の意味を知らなくて、選択肢イを残してしまっていたとしても、絵を上手に描く美しい女御への寵愛がまさっていくことは「不思議なこと」ではありませんから、除くことができます。よって、ア「以前よりも際立って」が正解です。

解答 (a) ウ (f) ア

> **関連メモ** **入試で問われる連体詞**
> 連体詞とは、体言（名詞）を修飾する、活用のない語。
> ありし＝「以前の」「生前の」の意味
> ありつる＝「先ほどの」の意味
> あらぬ＝「他の」「とんでもない」の意味

問二 解釈

ポイントは「これ」の指示する内容です。傍線部(b)「これに御心移りて」を直訳すると、「これに御心が移って」です。明らかにしなければならないのは、「これ」の指示するものと、「御

心」が誰の心か、この二点です。
1行目からの内容をまとめます。

〔前提〕上は、絵に格別関心があって、上手に描いた。
〔原因〕斎宮女御は絵が上手だったので、
〔結果〕「御心移りて」何度もいらっしゃった。

前書きにあるように、この文章は「上」が誰を愛するかということを話題にしていますから、前提と原因と結果をつないで考えると、「御心移りて」は、絵の好きだった「上」の「御心」が、絵の上手な「女御に」移ったのだと判断できます。「これ」は「斎宮女御」、「御心」は「上の御心」となります。よって、**ア「上が斎宮女御を気に入った」が正解**です。　**解答　ア**

問三　解釈　難

ポイントは、「まほ」の語感の理解です。まずは「描きすさび」の主体判定をして、傍線部(c)を訳します。

「描きすさび」の主語は直前に明記されている**「をかしげなる人」**ですが、新たな人物は登場していませんので、これは上が気に入った**「斎宮女御」**のことを「をかしげなる人（美しい人）」と言い換えているのだと判断できます。これを踏まえて、傍線部(c)を訳します。

---

①まほなら｜ず｜描き｜②すさび

①形動【真秀なり】よく整ったさま。完全なさま。
②動【遊ぶ】興じる。（動詞＋「すさぶ」の形で「思いのままに～する」の意味）

直訳▼整っておらず思いのままに描いて

「すさび」の意味を知っていると、「思いのままに」と同じ意味に訳している選択肢イの「自由に」を選ぶことができますが、もし知らなければ、「まほならず」の意味から答えを出さなければなりません。絵に対する「整っていない」という評価は、必ずしもマイナスの評価とは限りません。問二で見たように、斎宮女御は絵が上手だから上に気に入られたということですから、「まほならず」をマイナスの評価としているア「上手ではない」は不適です。**「まほならず」の部分を「整ってはいないが、プラスの評価を表している」**ものが正解です。

イ「型にとらわれないで」は、「型」は整ったものですから、「整っていないがプラスの評価」を表しています。現代語にも「型破り」という言葉がありますが、これは決してマイナスの評価を表す言葉ではありません。**ウ**「巧みな」、**エ**「下手ではない」、**オ**「素人とは思えない」は、どれもプラスの評価ですが、「整っていない」の意味を含みません。**エ**の「くずした画風」は「整っていない」の意味を含みますが、本文の「すさび」の訳としては不適です。よって、**イ「型にとらわれないで、自由に描いている」が正解**です。

ア　上手ではないが、楽しんで描いている　×　→マイナスの評価なので×

イ　型にとらわれないで、自由に描いている　→矛盾がなく○

ウ　巧みな絵を、きちょうめんに描いている　×

エ　下手ではないが、くずした画風で描いている　×

オ　素人とは思えない絵を、ものの見事に描いている　×

「型」というのは完全な形状を作る元となるものを表しますので、「まほならず」の意味を「型にとらわれず」とするのは理にかなっています。「完全であること」はプラスの評価だと思いがちですが、このようにマイナスの評価になることもあります。他にも、「うるはし」は「整ったさま」を表す形容詞で、「整っていること」はプラスの評価だと思いがちですが、型にはまっておもしろくない、というマイナスの評価を表す場合もあります。文脈をしっかり把握した上で個々の語句の意味を判断していく必要があります。

辞書的な意味を丸暗記するだけでは不十分です！　**解答**　**イ**

問四　語句の意味

傍線部(d)「らうたげさ」は形容動詞「らうたげなり」の語幹「らうたげ」に接尾語「さ」がついて、名詞化したものです。「らうたげなり」は、「かわいらしいさま」の意味の形容動詞です。よって、**イ「かわいさ」が正解**です。

傍線部(e)「しげう」は形容詞「しげし」の連用形「しげく」のウ音便です。「しげし」は漢字では「繁し」で、「しきりである」の意味です。よって、**ア「しきりに」が正解**です。イ「しつこく」も「しきりに」とほぼ同じ状態を表しますが、マイナスの捉え方をした表現ですので不適です。**問二**で解説しましたが、ここは、上が気に入った女御のもとへ頻繁にいらっしゃるという場面で、前書きから女御もそれを喜んでいると判断できますから、不快な感情を含意する「しつこく」は合いません。

解答　(d)**イ**　(e)**ア**

問五　内容判定

選択肢の内容に該当する箇所を探して、本文の記述と選択肢の記述を照らし合わせます。

ア　上は万事に精通した人だった
→1行目「よろづのことにすぐれて」は、「すべてのことに優れている」の意味ではなく、「何事にもまして」の意味。

イ　上は絵を習う役人に目をかけた
→3行目「殿上《てんじやう》の若き人々……御心とどめてをかしきものにおもほしたれ」に合致。

ウ　上は絵を描いては筆を休めて悩んでいた
→4行目「筆うちやすらひたまへる御さま」は、「斎宮女御が筆をとめて考えている」の意味。

エ　上は物語絵が見ごたえのあるものと考えた
→8行目「物語絵こそ……見どころあるものなれ（見ごたえあるものだな）」と言ったのは、「権中納言」。

オ　上は月次《つきなみ》の絵を描いて斎宮女御に見せていた
→人物関係が間違っている。権中納言が月次の絵を絵師に描かせて上に見せた。

よって、**イが正解**です。権中納言は自分の娘が上から愛されるようにさまざまな趣向を凝らした絵を上に見せます。自分の娘が上の寵愛を受けることは、娘にとって幸せなだけでなく、自分の権力を確かなものにすることができるからです。

この話の背景には平安時代の摂関政治があります。日本史の基礎知識も古文の読解には必要なことです。

解答　イ

問六　文法（動詞の活用）

二重傍線部Ⓐ「まねぶ」は活用語尾が「ぶ」ですから、活用の行は「バ行」です。「ず」をつけると、「まねばず」となり、活用語尾「ば」は「a音」ですから、「四段活用」です。下に連体形接続の助詞「を」がありますから、「連体形」です。

基本形	語幹	未然形	連用形	終止形	連体形	已然形	命令形
まねぶ	まね	ば	び	ぶ	ぶ	べ	べ

よって、**正解は1はオ、2はア、3はエ**となります。

二重傍線部Ⓑ「取り出で」は活用語尾が「で」ですから、活用の行は「ダ行」です。「ず」をつけると、「取り出でず」となり、活用語尾「で」は「e音」ですから、「下二段活用」です。下に動詞「たまは」がありますから、「連用形」です。

基本形	語幹	未然形	連用形	終止形	連体形	已然形	命令形
とりいづ	とりい	で	で	づ	づる	づれ	でよ

よって、**正解は1はウ、2はオ、3はイ**となります。

解答
Ⓐ　1 オ　2 ア　3 エ
Ⓑ　1 ウ　2 オ　3 イ

問七　文法（「なむ（なん）」の識別）

ポイントは「なむ」の識別です。波線部(X)の前後も含めて品詞分解します。

> 劣り①—な②—む③—や④
>
> ①動「劣る」（四段活用動詞の連用形）
> ②助動「ぬ」の未然形。強意［きっと］
> ③助動「む」の終止形。推量［〜だろう］
> ④係助 反語の係助詞の文末用法

「劣り」は四段活用動詞の連用形ですから、「な」は完了の助動詞、意味は強意、「む」は推量の助動詞となります。**正解はエ**です。

> ●「なむ（なん）」の識別●
>
> 1 未然形＋「なむ」→願望の終助詞［〜してほしい］
> 2 連用形＋「な」＋「む」
> →完了の助動詞「ぬ」の未然形＋推量の助動詞「む」
> 3 名詞など＋「なむ」
> →強意の係助詞
> 4 ナ変動詞の「—な」＋推量・意志の助動詞「む」
> 例 死なむ　訳 死ぬだろう

解答 エ

問八　解釈

波線部(Y)は、権中納言が上に見せるために描かせた絵についての記述です。ポイントは「わざと」の意味です。まずは波線部(Y)を品詞分解し、直訳します。

> わざと①—をかしう②—し③—たれ④
>
> ①副 わざわざ。特に。
> ②形「をかし」趣がある。（連用形「をかしく」のウ音便）
> ③動「す」（サ変動詞の連用形）
> ④助動「たり」の已然形。存続［〜ている］
>
> 直訳▼わざわざ趣がある様子にしている

選択肢を見ると、「わざと」を正しく訳しているのは、**エ**「特に」と**オ**「意図的に」になります。**エ**と**オ**の違いは、**エ**が「をかしう」の意味を「すばらしい趣向」としているのに対して、**オ**は「変わった内容」としていることです。「すばらしい趣向」は明らかにプラスの評価を表す言葉ですが、「変わった」は「他と少し違っている」の意味ですから、プラスにもマイナスにもなる言葉です。「をかし」には「滑稽だ」というマイナスの評価を表す意味もありますが、「変わった」という意味はありません。また、波線部(Y)の後に、「またこなたにてもこれを御覧ずる」とあり、これは上が見ようとするということですから、

「をかし」はプラスの評価を表すと判断できます。よって、エ**「特にすばらしい趣向を取り入れてある」が正解**です。

解答 エ

問九 解釈

まずは、「笑ひ」の主体判定をして、「誰が」笑ったのかを確認します。直前の会話のカッコの前に「大臣」と主語が明記されていますので、明らかに「大臣」が主語です。設問にあるように、大臣が権中納言を笑ったということです。次に波線部(Z)の直前の「など」に注目してください。この「など」は引用を表し、「と」と同じ働きをします。

読解ルール **「と」はその前後の内容が一致する！**

よって、カッコの中に権大納言の何を笑ったのかが書いてあるはずです。カッコの中を見ると「権中納言の」とありますので、間違いないと確認できます。

では、波線部(Z)の直前の会話を訳してみましょう。

なほ／権中納言／の／御／①心ばへ／の／②若々し／③さ／こそ／④あらたまりがたか／⑤めれ

① 名 気立て。
② 形 「若々し」おとなげない。
③ 接尾 形容詞などに付いて名詞を作る。
④ 形 「あらたまりがたし」の連体形「あらたまりがたかる」の撥音便無表記
⑤ 助動 「めり」の已然形。婉曲「〜ようだ」(「こそ」の結び)

直訳▼やはり権中納言のご性格のおとなげなさは改まりがたいようだ

「若々し」は現代ではプラスの評価を表す言葉として使われますが、古文では**マイナスの評価**を表します。これを知っていれば、**ア「おとなげない競争心」が正解**とすぐにわかります。

読解ルール **古今異義語に要注意！**

関連メモ **古今異義語の例**

遊ぶ＝「詩歌管弦などを楽しむ」
行ふ＝「仏道修行をする」
ののしる＝「大声で騒ぐ」
おとなし＝「年配である。思慮分別がある」
むつかし＝「不快である。面倒である」
やさし＝「優雅である。けなげである」

6行目から始まる権大納言の一連の行動を見てみましょう。権中納言の行動を見る前に、**問一**で見たように、上の寵愛は斎宮女御にますます向けられていったという状況です。そしてそれに続いて、権大納言の人柄が「あくまでかどかどしくいまめき（どこまでも負けん気の強い現代風な）」と描かれ、優れた絵師に絵を描かせ、物語絵や月次の絵も見事に描かせて娘の部屋で上に見せた。ここまでなら「おとなげない」という評価にはなりませんが、そのあとの行動が問題です。特に入念に描いた見事な絵は、簡単には見せず、斎宮女御に見られないように隠しているという、まるで子どものような態度です。これを大臣は「おとなげない」と笑ったのです。

前書きには「大臣の養女である斎宮女御と権中納言の娘の二人が競っている」とありますが、どちらかといえば父親同士のバトルです。自分の娘が帝に愛されることは自分の権力を確かなものにしますし、娘が子を産めばその子の祖父としての地位も手に入れることができますから、父親たちは必死です。劣勢を必死に挽回しようとしている権中納言に対して、優勢な状況にある大臣は余裕の「笑い」ができるのです。

解答 ア

現代語訳

上はよろづのことにすぐれて絵を興あるものにおぼしたり。(a)たてて好ませ（尊敬・用）たまへばに（断定・用）

（冷泉）帝は何事にもまして特に絵を興味のあるものと思っていらっしゃる。格別に関心を寄せていらっしゃる

や（疑問（↓省））、二《に》なく描《か》かせ（尊敬・用）たまふ。斎宮女御、いとをかしう描かせ（尊敬・用）たまひければ、

からであろうか、またとなく上手にお描きになる。斎宮の女御も、実に見事にお描きになったので、

(b)これに御心移りて、渡らせ（尊敬・用）たまひつつ、描きかよはさせ（尊敬・用）たまふ。

こちら〔＝斎宮の女御〕に（帝の）お心が移って、（斎宮の女御の局に）いらっしゃっては、（ご一緒に）絵をお描きになって

殿上《てんじやう》の若き人々もこのこと(A)まねぶをば、御心とどめてをかしきも

お心をお通わしになる。若い殿上人たちも、この（絵を描く）ことを習う者については、特に、お目をおかけになってお気に

のに（断定・用）おもほしたれば、まして、をかしげなる人の（主格）、心ばへあるさまに(c)まほならず描

入りにお思いになったので、なおさらのこと、お美しい（この）お方が、風情あるさまに、型にとらわれないで自由に描き

きすさび、なまめかしう添ひ臥してとかく筆うちやすらひたまへる（存続・体）御さま、(d)らうたげ

興じ、（居ずまいも）優美に物に寄りかかって、何かと筆をとめて考えていらっしゃるご様子、（その）かわい

さに御心しみて、いと(e)しげう渡らせ（尊敬・用）たまひて、(f)ありしよりけに御思ひまされ

らしさに（帝は）お心が惹かれて、たいそう頻繁にいらっしゃって、以前より際立ってご寵愛が深まっていくの

る（存続・体）を、権中納言聞きたまひて、あくまでかどかどしくいまめきたまへる（存続・体）

を、（弘徽殿の女御の父である）権中納言がお聞きになって、どこまでも負けん気の強い現代風でいらっしゃるご性格で

重要語句

□うへ【上】①身分の高い人。帝。かみ。②むかし。③和歌の上の句。

□になし【二無し】比べるものがない。すばらしい。

□をかし ①すばらしい。美しい。②こっけいだ。

□わたる【渡る】①渡る。移る。②ずっと～する。

□まねぶ【学ぶ】①まねる。②そのまま伝える。③勉強する。

□をかしげなり かわいらしく趣がある。

□こころばへ【心ばへ】①気配り。②風情。③気だて。

□まほなり【真秀なり】よく整っている。完全な。

□すさぶ【遊ぶ（荒ぶ）】気の向くまま楽しむ。

□なまめかし【生めかし】①上品で優美だ。②若々しくみずみずしい。

御心にて、「我、人に劣りなむ(X)や」とおぼしはげみて、すぐれたる上手《じやうず》どもを召し

断定・用　推量・終　反語

あって、「自分が、人に負けるだろうか（いや、負けはしない）」と奮起なさって、（当代一流の）優れた名人たちをお呼び

取りて、いみじくいましめて、**またなき**さまなる絵どもを、二なき紙どもに描き集

断定・体

寄せになって、厳しく注意し［＝口外を禁じ］て、**またとなく**見事な絵の数々を、最高の立派な紙に何枚も描き集め

めさせたまふ。「物語絵こそ心ばへ見えて見どころあるものなれ」とて、**おも**

使役・用　強意(↓)　断定・已(↑)

させなさる。（権中納言は）「とりわけ物語絵は、（その）意味がわかって見ごたえあるものだな」とおっしゃって、**気持ち**

しろく心ばへあるかぎりを選《え》りつつ描かせたまふ。例の月次《つきなみ》の絵も、見馴れぬさま

使役・用　打消・体

を引きつけて興趣豊かな物語を選んではお描かせになる。あの（よく知られている）月次の絵も、目新しい

に、言の葉を書きつづけて御覧ぜさせたまふ。(Y)**わざと**をかしうしたれば、

使役・用

感じに、詞書きを書き連ねて（権中納言の娘の局で、帝に）お目におかけになる。**特に**すばらしい趣向を取り入れて描いてある

またこなたにてもこれを御覧ずるに、心やすくも(B)取り出でたまはず、

ので、もう一度こちら［＝権中納言の娘の局］でこの絵をご覧になろうとしても、（権中納言は）そう簡単にはお取り出しにな

いといたく秘めて、この御方へ持て渡らせたまふを惜しみ領《らう》じたまへば、

尊敬・用

らないで、ほんとうにたいそう秘密にしていて、（帝が）こちらの（斎宮の）女御のほうにお持ち出しになるのを惜しがって独

大臣聞きたまひて、「なほ権中納言の御心ばへの**若々しさ**

り占めにしてお手放しにならないので、（源氏の）大臣が（このことを）お聞きになって、「やはり権中納言のご性格の**おとなげ**

こそあらたまりがたかめれ」など(Z)笑ひたまふ。

強意(↓)　形(撥無)　婉曲・已(↑)

なさは、変わりにくいようだ」などとお笑いになる。

□やすらふ【休らふ】①ためらう。②立ち止まる。

□らうたげなり【労たげなり】かわいい。

□しげし【繁し・茂し】多い。絶え間ない。

□ありし【在りし・有りし】①以前の。②生前の。

□けに【異に】いっそうまさって。

□かどかどし
【才才し】才気ある。
【角々し】とげとげしい。

□いまめく【今めく】現代風である。

□またなし【又無し】二つとない。

□おもしろし【面白し】①すばらしい。美しい。風流だ。②おもしろく興味がある。③晴れ晴れとして明るい。

□わざと ①わざわざ。特に。②本格的に。

□わかわかし【若々し】子どもっぽい。幼稚だ。

〔出典：『源氏物語』絵合〕

4 物語

日本女子大学
堤《つつみ》中《ちゅう》納《な》言《ごん》物《もの》語《がたり》

作品解説 ■ 平安時代後期に成立したと思われる短編物語集。「逢坂越えぬ権中納言」は小式部によって書かれたことがわかっているが、その他の作者は不明。「虫めづる姫君」「このついで」など独立した十編からなる。どれも人生の断片を、滑稽を基調に描いている。

別冊（問題） p. 26

解答

問		解答	配点
問一		4	2点
問二	ア	4	2点×3
	イ	2	
	ウ	2	
問三		少将の求愛に応じて恋の手紙のやりとりをすること。	6点
問四	C	誰の→5　誰に→1	2点×4
	D	誰の→1　誰に→2	
問五		4	4点
問六	①	秋と飽き	（①と②は順不同）1点×4
	②	枯れと離れ	

合格点 22／30点

問題文の概要

あらすじ ● 大納言の二人の姫君は万事に優れた様子に成長したが、両親が亡くなってしまい、寂しい暮らしをしていたところへ、右大将の御曹司の少将が、姫君に求婚の手紙をよこした。色恋沙汰など思いもよらない姫君であったが、若い女房の手引きで少将と契りを交わしてしまう。少将の父の反対にあって、少将の訪れが途絶え、姫君は悲しみを歌に詠み、それを見た少将も歌を返した。

内容解説 ● 落ちぶれた姫君の元に高貴な男性が通うという伝統的な状況設定で物語が始まっています。一方的に始まった関係でしたが、姫君の心が少将に惹かれていき、訪れが途絶えて姫君が嘆いて歌を詠むと少将がそれに応えるのも型どおりの展開です。「思はぬ方にとまりする少将」という作品名は、この後、少将が間違えて中の君と契ってしまうということから来ています。

設問解説

問一 **文法（「に」「ぬ」「ね」の識別）**

●「に」の識別●→P25参照

●「ぬ」の識別●
- ・未然形に接続 →打消の助動詞「ず」の連体形
- ・連用形に接続 →完了の助動詞「ぬ」の終止形

●「ね」の識別●
- ・未然形に接続 →打消の助動詞「ず」の已然形
- ・連用形に接続 →完了の助動詞「ぬ」の命令形

まずは傍線部Aの「に」を前後も含めて品詞分解します。

かくれ／①給ひ／に／②しか／ば

① 補動「給ふ」の連用形。
② 助動「き」の已然形。過去［〜た］・

連用形＋「に」＋「き」の形になりますので、A「に」は完了の助動詞「ぬ」の連用形となります。

では、選択肢を順に見ていきます。

二重傍線部1 直前の「思《おぼ》しよら」が四段活用動詞の未然形なので、「ぬ」は打消の助動詞「ず」の連体形です。

二重傍線部2 直前の「べき」は助動詞「べし」の連体形で、直後の「あら」はラ変動詞「あり」の未然形です。「〜である」と訳すことができるので、「に」は断定の助動詞「なり」の連用形です。

二重傍線部3 二重傍線部2で解説しましたが、直前の「あら」は未然形ですから、「ね」は打消の助動詞「ず」の已然形です。

二重傍線部4 直前の「つもり」が四段活用動詞「つもる」の連用形なので、「ぬる」は**完了の助動詞「ぬ」の連体形で、これが正解**です。

二重傍線部5 助動詞「やうなり」の連用形「やうに」の活用語尾です。「やうなり」は「〜ようだ」の意味を表す比況の助動詞ですが、元は名詞「やう」に断定の助動詞「なり」がついたものです。

解答 4

問二 **語句の意味**

傍線部ア「はかばかしく」の終止形「はかばかし」は着々と成果が現れていく様子を表し、選択肢3以外の意味を持っていますので、本文から根拠を探します。直後の「乳母《めのと》だつ人もなし」とは、「乳母のような役割をする人もいない」の意味ですから、これとつなげて有意になるものを選びます。「乳母の役割」は姫君の養育ですから、養育をする人のさまを表しているのは、「しっかりとして」となります。1の「はきはきとした」は話し方などに用い、2の「てきぱきとした」は物事の処理などに用います。よって、**正解は4**となります。

傍線部**イ** 「ゆるしなく」の「ゆるし」には「許し」と「赦し」がありますので、選択肢の1「許可なく」か2「容赦なく」のどちらかの意味になります。やはり、本文から根拠を探します。傍線部**イ**の直後の「のたまへば」は、少将が両親を亡くした姫君のところへ通っていることを聞いた少将の父の発言です。その発言の内容は、「身分に不足はないが、どうして心細く暮らしている人のところに通うのだ」という意味で、父親が息子の行動に反対している発言です。父親の発言は「許可」を必要とするものではありませんから、「許可なく」は文意に合いません。また、父の言葉は少将にとっては、手厳しい言葉です。よって、**正解は2「容赦なく」**となります。

傍線部**ウ** 「おどろき」の終止形「おどろく」には「目ざめる」「びっくりする」の意味がありますので、1「びっくりして」か2「目をさまして」のどちらかの意味になります。本文を見ます。前の文の「更け」と「うたたね」は、「夜が更けてみなうとうとと寝ていた」ということです。傍線部の直後には「起こし」もありますので、寝ていた人が目をさましたのだと判断できます。よって、**正解は2「目をさまして」**となります。

解答 ア 4 イ 2 ウ 2

問三 解釈(指示内容) 難

ポイントは指示語の内容です。「かやう」は「このよう」という意味、「筋」は「その方面の事柄」という意味で、傍線部Bを直訳すると「このような方面の事柄」となります。「このような」の指示する内容を傍線部の前後から判断します。

傍線部Bの前の「いとせちに聞こえわたり」の「聞こえ」は「言ふ」の謙譲語ですが、**「言ふ」には「言い寄る・求婚する」という意味**があります。そして当時の求婚は手紙(和歌)ですから、ここは、「少将が求婚の手紙を熱心によこしたけれど」ということです。それに続く「かやうの『筋』……思しかけざりし」は、「このような方面のことは思いもよらないことで、ご返事なども思いもかけなかった」の意味で、「思しよらぬ」の**主語は、求婚した少将から求婚された姫君に交代**しています。「このような方面のこと」は、少将が求愛の手紙(歌)をよこしたことを受けていますので、「恋愛ごと」を指すとわかります。「恋愛ごとなど思いもよらなかったので、返事をすることなど思いもかけない」ということです。設問に「具体的に」の指示がありますので、「少将の求愛に応じて恋の手紙のやりとりをすること。」とします。

解答 **少将の求愛に応じて恋の手紙のやりとりをすること。**

配点 少将の求愛に応じて……………………3点
恋の手紙のやりとりをすること……………3点

問四 主体・客体の把握

傍線部C 傍線部を訳します。

> ①みちびき―②聞こえ―③て―④けり
>
> ① 動【導く】 案内する。手引きをする。
> ② 補動「聞こゆ」の連用形。謙譲［～申し上げる］
> ③ 助動「つ」の連用形。完了［～た。～てしまった］
> ④ 助動「けり」の終止形。過去［～た］
>
> 直訳 ▼ 案内申し上げてしまった

「みちびき」の主語は直前にある「少納言の君とて、いといたう色めきたる若き人（少納言の君といって、非常に色事好きな若い女房）」です。「聞こえ」は謙譲の補助動詞で、「導く」という行為の受け手への敬意を表しますが、本文では姫君にも少将にも敬意が表されていますので、敬語だけを根拠に客体を判断することはできません。「二所おほとのごもりたる所」は、注3から「二人の姫君が休んでいらっしゃる所」ですから、**若い女房が二人の寝所へ「誰か」を案内した**ということです。「寝室」に案内するという状況から、求婚している少将を案内したと考えるのが妥当です。よって、**正解は5「少納言の君」の1「少将」に対する行為**となります。

姫君は歌のやりとりすら拒んでいるのに、色事好きな若い女房が少将を何の連絡もなく姫君たちの寝室に連れて行ったということです。まさしく手引きをしたわけです。

> **関連メモ** **人物を表す言葉**
>
> 「所」が人数を表すように、「場所を表す言葉」には「人物を表す」場合があります。
>
> 上＝「高いところ」↓「天皇」「貴人の妻」
> 御門＝「門の尊称」↓「天皇」
> 院＝「大邸宅」↓「上皇」「女院」
> 殿＝「貴人の邸宅」↓「貴人や主君」「摂政・関白」
> 御息所＝「天皇の御休憩所」↓「天皇の妻」
> 御所＝「天皇の御座所」↓「天皇」
> ここ＝「話し手に近い所」↓「私」
> そこ＝「話し手の側」↓「あなた」

傍線部D　傍線部を訳します。

> 見—①たてまつり—②給ふ
>
> ① 補動【奉る】の連用形。謙譲［〜申し上げる］
>
> ② 補動 尊敬［〜なさる］
>
> 直訳 ▼ 見申し上げなさる

「たてまつり」は「見」という行為の客体への敬意を表し、「給ふ」は主体への敬意を表しますが、本文では姫君と少将どちらにも敬意を表していますので、敬語だけから主体と客体を判断することはできません。ここは、若い女房に手引きされた少将が姫君のところに通うようになった後の話で、傍線部Dの前に「たまたま昼まで寝過ごしたとき」とありますので、**少将と姫君が夜を共にして昼まで寝過ごしたという状況です**。直後に「いとあてにらうたく（とても上品でかわいらしく）」とあります。これは姫君の容貌の描写ですので、「見る」の主語は少将、見られたのは姫君だと判断できます。よって、正解は、1「少将」の2「姫君」に対する行為となります。

「見る」という行為は現代とはまったく意味が異なります。男性は女性の顔を見ることはまずありませんし、契りを結ぶのも夜の暗闇の中です。夜に通ってきて、朝帰るという恋愛形態では女性の顔をはっきり見ることはなかなかできません。ですから、「見る」という語には「結婚する」という意味があるわけです。

解答
C　誰の→5　誰に→1
D　誰の→1　誰に→2

問五　解釈　難

選択肢を見ると、「君」が誰を指すのか、「そうもしていられなくて」の後どうなったのか、この2点がポイントだとわかります。

傍線部Iの直前の「思ふほどにもおはせず」は、父親の容赦ない言葉を受けた少将が、姫君のところへ思いどおりに通ってくることができないという意味で、主語は少将です。もし少将の主語が継続するなら、「君も」と改めて書く必要はありませんから、「君も」は少将以外の人物です。傍線部の「忍び」の意味から選択肢2の「こっそりとしのんで通っていたが」を選んでしまいそうですが、主語が間違っていますので、除くことができます。その他の主語の判定は難しいので、そうもしていられなくて、**どうなったのか**を見ます。傍線部の直後に「どうなった」のかが書いてあります。「やうやううちなびき」は、「次第に心を寄せる」の意味であることと、その様子は「らうたく（可憐だ）」と述べていることから、「うちなびき」の主語は「姫君」だと判断できます。しばらくの間は「忍びすごし」の状態だったのが、そうもしていられなくて、「やうやううちなびき」という状態に変化したということですから、「忍びすごし」の主語も「姫君」と判断できます。

よって正解は、4「姫君はしばらくの間は少将に対してかたくなだったが、そうもしていられなくて、少将にうちとけるようになったこと。」です。

「うちなびく」を「うちとける」と捉えるのはまだしも、「忍びすごし」を「かたくなだった」と捉えるのはなかなか難しいと思います。「忍ぶ」の単語の意味だけで考えると2「こっそりとしのんで」を選んでしまいそうですが、「うちなびき」と対比関係にあることに気づけば、主語もわかり、正しい答えに到達できます。ちなみに傍線部Iの直後の「さるべき」は「そうなるはずの前世の因縁」の意味です。姫君は、少将との関係を宿命だと諦めることで、うちとけていったのです。 **解答** 4

問六 和歌の修辞

掛詞は一つのひらがなの言葉に二つの漢字の意味を持たせる技法です。掛詞になりうる言葉はたくさんありますので、全部を暗記することはなかなか困難です。頻出の掛詞は暗記するにしても、基本的には掛詞は暗記するものではなく、本文から読み取るものだと理解してください。「ひらがなで書かれているところが掛詞になる」と考えるかもしれませんが、Ⅱの和歌はすべてひらがなですから、参考にはなりません。歌が詠まれた状況説明の中に、歌の内容を理解するための情報が必ずあるはずです。

では、誰が、どんな状況で、どのような気持ちを詠んだものであるか、本文を見ましょう。**問五**で見たように、姫君は少将にうちとけ心を寄せるようになってきたところです。14行目の「人の御心もいと頼みがたく、いつまで」は、「男の心は頼りにならないので、この関係はいつまで続くのか」と姫君が不安に感じているということです。そんな折に起きたのが、「四五日いぶせくてつもりぬる」です。これは「四、五日間少将が通ってこなくて憂鬱な日が続いた」ということです。これに続いて、姫君は心細くなり、「御袖ただならぬ」は涙をひどく流したということです。これで、歌の状況がはっきりしました。

- 誰＝姫君が、
- どんな状況＝少将が通ってこない日が続いたという状況で、
- どんな気持ち＝心細い気持ちを詠んだもの。

これを踏まえて、和歌を見ましょう。「ひとごころ」は「少将の気持ち」です。**少将が通ってこなくなったことから「かれ」は「離れ」で、「あき」は「飽き」**だと判断できます。そして、「かれ」には「枯れ」の意味があることから、「あき」は「秋」だと判断できます。よって、正解は、「秋」と「飽き」、「枯れ」と「離れ」となります。この掛詞は基本中の基本ですから暗記しておきましょう。

読解ルール　和歌の自然描写や小道具に修辞あり！

この歌を見た少将の返歌も解説します。「ときは」は「常磐」で、「常緑」の意味です。「しのぶ」は常緑の草「忍草《しのぶぐさ》」と「偲ぶ」がかかっています。「秋になって葉の色が変わる」ことに「心変わり」、「常緑の忍草」に「心変わりしない」意味を持たせ、「私のあなたへの気持ちは常緑の忍草のように変わりませせん」と訴えているのです。下の句の「かれゆくあき」は「ひとごころ」の歌の掛詞のヒントになります。贈答歌が設問になっている場合は、もう片方の歌がヒントになります。

解答　①**秋と飽き**　②**枯れと離れ**

関連メモ　掛詞の例

あま　「天」と「尼」
いく　「行く」と「生く」
うさ　「宇佐」と「憂さ」
おく　「置く」と「起く」
かみ　「神」と「紙」
きく　「菊」と「聞く」
すむ　「澄む」と「住む」
たつ　「立つ」と「裁つ」
ながめ　「長雨」と「眺め」
ね　「根」と「寝」と「音」

現代語訳

大納言の姫君、二人ものし給ひし（過去・体）、まことに物語にかきつけたる有様に劣るまじく、
大納言の姫君は、二人いらっしゃったが、本当に物語に（すばらしく）描かれた姫君の様子に劣りそうもないほど、
何事につけても**生ひ出で**給ひし（過去・体）に、故大納言も母上も、うちつづき**かくれ**給ひ A にし（完了・用）
万事につけてご立派に**成長**なさったが、父の大納言も母上も、続いてお**亡くなり**になってしまったので、
かば、いと心ぼそき**ふるさと**に**ながめ**すごし給ひしかど、ア **はかばかしく**御乳母だつ
たいそう心細い**故大納言邸**で**物思いがち**に過ごしていらっしゃったけれども、**しっかりとして**乳母のような役割を
人もなし。ただ常に候ふ侍従・弁などいふ若き人々のみ候へば、年にそへて
する人もいない。ただ、いつも姫君の側近くに仕える侍従、弁などという若い女房だけがお仕えしているので、年が経つにつれ
人目まれにのみなりゆくふるさとに、いと心ぼそくておはせし（過去・体）に、右大将の御
て**人の出入り**も少なくなって行くばかりのお住まいに、ひどく心細い気持ちで暮らしていらっしゃったところ、右大将の御曹司
子の少将、知る**よし**ありて、いと**せちに**聞こえわたり給ひしかど、B かやうの筋はか
の少将が、この姫君たちを知る**つて**があって、とても**熱心に**求婚をお続けなさったが、姫君にとってこのよう
けても思しよら 1 ぬ（打消・体）事に（断定・用）て、御返事など思しかけざりし（過去・体）に、
な色恋の方面のことはまったく思い寄りなさらないことであって、恋文にお返事をすることなどは思いつきなさりもしなかった
少納言の君とて、いといたう色めきたる若き人、何の**たより**もなく、二所おほとの
が、少納言の君といって、たいそうひどく色好みの若い女房が、何の**知らせ**もなく、二人の姫君がおやすみになっ

重要語句

□おひいづ【生ひ出づ】①生まれ出る。②成長する。
□かくる【隠る】①隠れる。②亡くなる。
□ふるさと【古里・故郷】①昔の都。②実家。③田舎。里。
□ながむ
【眺む】①もの思いに沈んで、ぼんやりと見る。②見渡す。ながめる。
【詠む】詩歌などをつくって口ずさむ。
□はかばかし【果果し・捗捗し】①しっかりしていて頼もしい。②てきぱきしている。
□ひとめ【人目】①人の見る目。②人の出入り。
□よし【由】①理由。②事情。③由緒。④方法。⑤つて。⑥情趣。
□せちなり【切なり】ひたすらである。

ごもりたる所へ C みちびき聞こえて（完了・用）けり。
ているところへ、少将をご案内申し上げてしまった。

もとより御志ありける事に（断定・用）て、「姫君」をかき抱きて、御帳のうちへ入り給
少将は元々姉の姫君に対して**愛情**をお持ちであったので、姉の姫君を抱きかかえて、御帳台の中へお入りになった。

ひに（完了・用）けり。思し**あきれ**たるさま、例の事なれ（断定・已）ば書かず。おしはかり給ひにし（完了・用　過去・体）も
姉君が**あっけにとられ**た様子は、物語などによくあることなので書かない。想像なさっていた以上に、姉君の

過ぎて、あはれに思さるれば、うち忍びつつかよひ給ふを、父殿聞き給ひて、「**人のほ**
ことが愛しく思われなさるので、少将が人目を避けてはお通いになるのを、父の右大将殿がお聞きになって、「**身**

どなど、**くちをし**かるべき 2 に（断定・用）はあら 3 ね（打消・已）ど、**何かは**（疑問（↓省））いと心ぼそきところに」など、
分に、**不足があり**そうなことではないが、**どうして**、たいそう心細い暮らしぶりの女のところに（通う

イ **ゆるしなく**のたまへば、思ふほどにもおはせず。 I 君もしばし
のか）」などと、**容赦なく**おっしゃるので、少将は愛しく思うほどには、姉君のところへお出かけにならない。姉君のほうも、し

こそ（強意（↓））忍びすごし給ひしか（過去・已（↑））、**さすがに**さのみはいかが（反語（↓））おはせむ（推量・体（↑））。
ばらくは少将を避けるようにしてかたくなにお過ごしになっていたが、**やはり**、そうした気持ちのままどうしていらっしゃるこ

さるべきに思しなぐさめて、**やうやう****うちなびき**給へる（存続・体）さ
とができようか（いや、できない）。**これも前世の因縁だ**と心をお慰めになって、**次第に**少将に**うちとけ**なさっている様子は、

ま、いとど**らうたく**あはれなり。昼など**おのづから**寝すごし給ふ折、D 見
（初めの頃より）いっそう**かわいらしく**、しみじみと心惹かれる。昼などに、**自然と**寝過ごしなさるとき、姉

しきりである。

□たより【頼り・便り】①よりどころ。縁故。②よい機会。ついで。③手段。④ぐあい。配置。⑤知らせ。

□こころざし【心ざし・志】①誠意。愛情。②お礼の贈り物。

□あきる【呆る】①どうしてよいか迷う。②あっけにとられる。

□ひとのほど【人の程】身分。品格。

□くちをし【口惜し】①残念だ。②身分がつまらない。物足りない。

□なにかは【何かは】何が〜か（疑問・反語の意味を伴う）。

□ゆるしなし
【許し無し】許可がない。
【赦し無し】容赦がない。

□さすがに　そうはいってもやはり。

□さるべき【然るべき】①それにふさわしい。②そうなるのが当然だ。そうなる前世の因縁だ。③りっぱな。

□やうやう【漸う】①しだいに。②やっと。

□うちなびく　①人が横になる。②心が寄せられる。

たてまつり給ふに、いと**あてに**らうたく、うち見るより**心苦しき**さまし給へり。何事もいと**心憂く**、人目まれなる御住まひに、人の御心もいと頼みがたく、いつまでとのみながめられ給ふに、四五日**いぶせく**てつもりぬるを、思ひし（過去・体）事かなと心ぼそきに、御袖**ただならぬ**（打消・体）を、我ながらいつ習ひけるぞと思ひ知られ（自発・用）給ふ。

君のお顔を拝見なさると、とても**上品で**、かわいらしく、見るからに**心が苦しくなる**ほどいじらしい様子をなさっている。姉君は何事につけてもたいそう**つらく**、人の出入りもまれなお住まいで、少将の愛情もいっこうに頼りにならず、「いつまで続く恋だろう」とばかりつい物思いに沈んでいらっしゃるが、四、五日少将の訪れがなく**憂鬱な思い**が積もるのを、「思った通りだ」と心細くて、お袖が**涙でたいそう濡れる**のを、自分でも、「こうした物思いをいつ習ったのか」と（嘆きのわけを）おわかりになっている。

Ⅱ ひとごころ　あきのしるしの（主格）　かなしきに
かれゆくほどの　けしきなり（断定・用）けり

秋のきざしのように、あの人の心に私に飽きたきざしが見えるだけでも悲しいのに、今はもう秋が深まって枯れていく情景であるように、あの人が私から離れていく様子であることです。

「など手習ひに馴れにし（完了・用／過去・体）心なるらむ（現原推・体）」などやうにうちなげかれ（尊敬・用）て、やうやう更け行けば、ただうたたねに御帳の前にうち臥し給ひに（完了・用）けり。少将、内裏より出で

「どうして慰みに歌を書きつけるのが習いになってしまった心なのだろうか」などというようにため息をつかれて、次第に夜が更けて行くので、ただ、うたた寝のつもりで御帳台の前にふしてしまわれた。少将は宮中から退出なさると

□らうたし【労たし】かわいい。
□おのづから【自ら】①自然に。②たまたま。③もしかすると。
□あてなり【貴なり】①身分が高く高貴である。②上品だ。
□こころくるし【心苦し】①気の毒だ。②気がかりだ。
□こころうし【心憂し】①つらい。いやだ。②わずらわしい。③うらめしい。
□いぶせし ①うっとうしい。②気がかりだ。
□ただならず【徒ならず】①心が穏やかでない。②並ではない。③（ただならずなる）妊娠する。

給ふとておはして、うち叩き給ふに、人々**おどろき**て、「中の君」起こし
いうことで（姫君の邸に）いらっしゃって、門をお叩きになると、女房たちは**目を覚まし**て、妹の姫君をお起こし申し

て奉りて、わが御方へ渡し聞こえなどするに、やがて入り給ひて、大将の君
上げて、ご自分のお部屋へお連れ申し上げたりするうちに、少将はすぐに姉君の部屋へお入りになって、「大将の君が

主格
の　**あながちに**いざなひ給ひつれば、初瀬へ参りたりつるほどの事など語り給ふに、**あ**
無理にお誘いになったので、初瀬〔＝長谷寺〕へ参詣した」ことなどお話なさるが、**先**

りつる御手習ひのあるを見給ひて
ほどの姉君が慰みに書きつけた歌があるのをご覧になって、

ときはなる　のきのしのぶを　しらずして　かれゆくあきの　けしきと**や**　**おもふ**
疑問（↓）　四動・体（↑）
いつも緑の色を変えない軒の忍草のように、私が変わらずにあなたを思い慕っていることを知らないで、私があなたに飽きて離れて行く様子だと思っているのですか。

と書き添へて見せ奉り給へば、いと**はづかしう**して、御顔引き入れ給へ**る**
存続・体
と（姉君の歌の傍らに）書き添えてお見せ申し上げなさると、姉君はたいそう**きまり悪く**思って、袖にお顔をお隠しになる様

さま、いとらうたく児めきたり。
子が、本当にかわいらしくあどけない。

［出典：『堤中納言物語』思はぬ方にとまりする少将］

□おどろく【驚く】①目を覚ます。②はっと気がつく。

□あながちなり【強ちなり】①むやみだ。②一途である。③強引だ。

□ありつる【在りつる】さっきの。前述の。例の。

□はづかし【恥づかし】①恥ずかしく気づまりだ。②（こちらが恥ずかしくなるほど）立派だ。

中京大学 栄花物語《えいがものがたり》

作品解説 ■ 平安後期の歴史物語。作者は未詳。宇多天皇から堀河天皇に至る十五代約二百年間の歴史を編年体で記述する。藤原道長の栄華を中心に、宮廷における儀式などが物語風に描かれている。

別冊（問題） p. 32

解答

問	解答	配点
問一	2	4点
問二	4	6点
問三	きちんと着用して	5点
問四	5	4点
問五	あないみじ～くありけん	5点
問六	たち／立ち／裁ち	2点×3

合格点 20／30点

問題文の概要

あらすじ ● 長谷《ながたに》に籠もって正月を迎えた藤原公任のところへ、息子の弁の君が訪れる。息子の立派に成長した姿に父親としての満足感を覚えながらも、出家を決意している身にはそれがかえって執着心を呼ぶ。息子が帰ると、公任は僧都を呼んで念願の出家を果たした。公任の出家を伝え聞いた道長と和歌を贈答した。

内容解説 ● 各段落が「かくて」で始まり、主人公の公任を中心に、三人の人物が順番に登場するという構成になっています。第一段落では息子、第二段落では僧都、第三段落では御堂（＝道長）が登場し、出家前後の公任の様子や心情が描かれています。

設問解説

問一 **語句の意味**

ポイントは反実仮想の助動詞「まし」です。まずは傍線部A「山里いかで春を知らまし」を訳します。「山里」は「知ら」の主語ではなく、場所を表しています。

> 山里｜いかで①｜春｜を｜知ら｜まし②
>
> ① 副 反語［どうして～か、いや～ない］。
>
> ② 助動 反実仮想（「～ましかば～まし」「～せば、～まし」の形で、「もし～としたら～だろうに」の意味になる）
>
> 直訳▼山里でどうして春を知るだろうか、いや知らない。

「まし」が反実仮想の助動詞であると気づけば、上の句には仮定条件がないといけません。選択肢で仮定条件を含んでいるのは、**2**「鶯の声なかりせば雪消えぬ」しかありませんので、**2が正解**になります。

この「鶯の声なかりせば雪消えぬ山里いかで春を知らまし」の歌は入試頻出の歌なので、解説をします。

> 鶯の‖声‖なかり①‖せ②‖ば③‖雪消え‖ぬ④‖山里いかで‖春を知らまし
>
> ① 形【無し】連用形。
>
> ② 助動「き」の未然形。過去［～た］
>
> ③ 未然形＋ば＝順接仮定条件を表す。
>
> ④ 助動「ず」の連体形。打消［～ない］
>
> 直訳▼鶯の声がなかったならば、雪の消えない山里では、どうして春の訪れを知ることができようか、いや、できないだろうに。

これは、「鶯の声を聞くことで雪の残る山里でも春の訪れを知ることができる」という気持ちを詠んだ歌です。

古文では、十二月までは冬で、一月一日から春になります。たった一晩で、冬から春に季節が変わってしまうのですが、奥山に住む公任は春霞を見て、この歌を口ずさんだのです。

解答 2

> **関連メモ** **鳥と季節**
>
> **鶯（うぐいす）**↓ 春の訪れを告げる鳥
>
> **時鳥（ほととぎす）**↓ 夏の訪れを告げる鳥・冥界から来る鳥
>
> **雁（かり）**↓ 秋になると北から来る鳥

問二　人物の把握

まずは選択肢を見ましょう。**1**「上司と下司」、**2**「学問の師と学生」、**3**「義父と娘婿」、**4**「父と子」、**5**「大納言と勅使」。地の文に関係性を判断できる明らかな表現があればよいのですが、おそらくないから設問になっているのでしょう。二人がどのような対面をするのか、どんなことを話すのか、そのあたりにヒントがありそうです。

では、本文から二人の関係を示唆する言葉を探してきます。まずは、弁の君が登場するところです。3行目「弁の君参りたまへり」です。「参り」は謙譲語で「公任」への敬意を表し、「たまへ」は尊敬語で「弁の君」への敬意を表します。作者は二人に敬意を表していますので、どちらも身分の高い人物であるとわかります。次の「思ひかけぬほどのことかな」は公任の気持ちで、弁の君の訪問が思いがけないものであったことがわかります。続く、「御前《おまへ》に出でて拝したてまつりたまふ」は、「弁の君」が「公任」に新年のご挨拶を申し上げなさったということです。ここまででは、二人の関係はよくわかりません。

さらに読み進め、6行目の「光るやうに見えたまふ」は、**問六**で解説しますが、「公任」には「弁の君」が光るように見えた、ということです。「光るように」という表現は、『源氏物語』の主人公の美男子「光源氏」からもわかるように、最高の賛辞です。ですが、やはり二人の関係を決定するほどの根拠にはなりません。

読解ルール　会話文や引用文は、引用の「と」に着目せよ！

では、その続きです。「あないみじ」は形容詞の語幹の用法の感嘆文ですから、地の文には出てこない表現です。よって、ここから会話文が始まると判断できます。**問五**の解説を先取りしてしまいますが、引用の「と」に着眼して心話（心内語）をまとめると、以下のようになります。

「あないみじ、これを人に見せばや」**と**
「見る甲斐《かひ》あり、めでたのただ今の有様や」**と**
「人の子にて見んに……いかでかくありけん」**と**……思さるる

この三つの引用文は光るように見えた弁の君を見た公任の心話だと判断できます。

まずは最初と二つ目の心話ですが、光るように見えた弁の君に対する言葉ですから、「あないみじ」はプラスの意味です。そして「これを人に見せたい」「すばらしい有様だ」とべた褒めしています。ここで、なんとなく二人の関係は見えてきます。

あまりにもすばらしいから人に見せたいという感情は、どういう関係にある人に対して抱く感情でしょうか。「上司と下司」、「大納言と勅使」では、そんな気持ちになるでしょうか。もっと親しい関係にあるのではないでしょうか。でも決定的な根拠にはなりません。

では、三つ目の心話を見ます。「人の子にて見んに、うらやましくも、持たらまほしかるべき子なりや」の「ん（む）」は下に助詞「に」がありますので、意味は仮定になります。「まほしかる」は願望の助動詞です。「もし他人の子として見たならば、うらやましく、持っていたい子であるよ」という意味です。この仮定条件がポイントです。**「他人の子だったら」という仮定は、「他人の子ではない」という現実があって成り立つ表現です。**「他人の子」の対義語は「我が子」です。これで、「公任」と「弁の君」の関係がわかりました。「親子」です。よって、4「父と子」が正解です。

選択肢を見ないで本文を読んだ人で、「弁の君」を公任の愛人だと思った人はいませんか。光るような美しい愛人がわざわざ山の中まで訪ねてくれた、人に見せびらかしたい、と読んでしまう人は少なくありません。人物関係を間違えるととんでもない話になってしまうことがあります。妄想を暴走させないためにも、しっかりと人物関係を把握することが重要です。

ちなみに、弁の君の性別の根拠は、わかりますか。三つ目の心話の最後に「身の才《ざえ》」という言葉がありますが、これは男子の学問のことですから、弁の君が男性だと判断できます。

関連メモ　才《ざえ》と大和魂

「才」とは、「学問・漢学」の意味で、平安時代において、出世を目指す男性に必要な漢学の才能のことです。才能と言っても生まれ持った能力ではなく学習によって習得するものです。「才」と対比されるのは、「大和魂（やまとだましひ）」で、日常的な知恵や処世上の才覚のことを言います。「才」「大和魂」ともに優れた人物が高い地位を保つことができると考えられました。

ここまで読み取ることができるとパーフェクトです。公任は「我が子」を見て、「すばらしい、人に見せたい。もしこの子が他人の子だったら、うらやましいほどの子だ」などと言っているわけです。親というものは立派な我が子を自慢したいと思うものなのかもしれませんが、ちょっと褒めすぎとは思いませんか。これには事情があります。**問六**で解説しますが、公任は息子と対面した数日後に出家をします。出家は世俗を捨てることですから、息子との縁を断ち切ろうとしている公任の目には、実際以上にすばらしく感じられたのかもしれません。　**解答**　4

問三 解釈

ポイントは「うるはし」の意味です。設問に「文意に即して分かり易く」とありますので、これは解釈問題と言えます。まずは品詞分解、直訳します。

> ①うるはしう ─ ②し ─ ③て
> ① **形**「うるはし」きちんと整ったさまを表す。（連用形のウ音便）
> ② **動** サ変動詞「す」の連用形。
> ③ **接助** 単純接続
> 直訳 ▼ きちんとして

「何を」きちんとしていたのか、本文から根拠を探します。直前に「御装束持たせたまへりける」とあります。これは、弁の君が長谷にやってくるときに、お正月の挨拶用の着物を持ってきていた、ということで、傍線部Cの直前の「隠れの方《かた》」とは「人目につかないところ」の意味で、そこで着物を着替えたということです。よって、「きちんとして」とは「きちんと衣装を身につけて」、という意味です。十字以内という指示がありますので、「きちんと着用して」などと訳して正解です。

解答 **きちんと着用して**（八字）

配点
「うるはしう」の意味……………………2点
「着用して」などの訳……………………3点

問四 解釈

まずは、傍線部D「人なかのをりの御住居《すまゐ》」を直訳します。「人なか」は「大勢の人の中」の意味、「をり」は「折・時機」の意味で、直訳は「大勢の人の中のときのお住まい」となります。

ここで選択肢を見ると、「大勢の人」と「お住まい」を訳しているのは、5「人の出入りの多い都の邸《やしき》」しかありませんので、**5が正解**です。

傍線部の下の「だに」に注目してください。「だに」は副助詞で、**軽いものを挙げて重いものを類推する働き**です。少し後の「まいて」は「まして」のイ音便です。「Aだに～ましてB」の形で「Aでさえ～だから、ましてBは言うまでもない」の意味になり、AとBが対比されます。よって、「人なかのをりの御住居」と「さる山の長谷のほとり」は対比されているということです。「長谷のほとり」は、本文の冒頭にある「奥山の御住居」で、公任が今住んでいる場所を指しますので、「人なかのをりの御住居」は、「奥山の御住居」に移る前の「都に住んでいた頃の公任の邸」を指すと考えられます。

人なかのをりの御住居……わが御心には勝れて見えおぼさるる御有様
↔（対比）
さる山の長谷のほとり……光るやうに見えたまふ
＝（イコール）
奥山の御住居

人の多い都の自宅で見たときでさえ、息子は優れているように見えたが、ましてこのような山の中の住まいでは、なおのこと光るように見える、と公任は思っているということです。**問二**で見たように、弁の君は、客観的に描かれているわけではなく、公任の目を通しての記述ですから、実際の様子がどうだったかは、この文章からは判断できません。　**解答** **5**

問五　心内語の把握

問二で解説しましたが、改めて簡単に説明します。

読解ルール　**会話文や引用文は、引用の「と」に着目せよ！**

感嘆文や丁寧語など会話文でしか出てこない表現に注意して、会話文と地の文を区別します。引用の「と」と感嘆文に着眼して心話をまとめると、**問二**で説明したようになります。

「あないみじ、これを人に見せばや」**と**
「見る甲斐あり、めでたのただ今の有様や」**と**
「人の子にて見んに……いかでかくありけん」**と**……思さるる

このように、公任は三つのことを思ったということです。今回のように、「　」と、「　」と、「　」と…、のように分かれている形になっているのはめったにありませんが、普段から引用文を意識して読むことが大事です。今回は引用の「と」で三つに分かれていますが、連続していますので、これをひと塊と考えます。よって、**正解は「あないみじ」～「くありけん」**となります。　**解答** **あないみじ～くありけん**

問六　和歌の修辞（掛詞）

和歌を理解するためには、和歌の詠まれた状況を理解しなければなりませんので、段落ごとに内容をまとめます。第一段落はこれまで解説してきましたので、第二段落から解説します。

第二段落11行目の「御本意」の「本意」は「かねてからの願い」の意味で、これを申し上げたのは公任です。「聞こえたまへば」に続いて「僧都うち泣きて」とあり、主語が僧都に交代していますので、「聞こえたまへ」の主語は公任だとわかります。11行目「御髪《みぐし》おろしたまひつ」は、公任の願いを聞いた僧都が、公任の髪を剃り落としたという意味です。つまり、公任はかねてからの願いである出家を遂げたということです。

第三段落は、冒頭の「帰り」の主語がわかりにくいのですが、長谷にやってきた僧都が帰ったということです。そして、「これを聞こしめして」は御堂（＝道長）が公任の出家を知ったということです。これをまとめると以下のようになります。

- ・第一段落…公任が息子の弁の君と対面する場面
- ・第二段落…公任が別当僧都を長谷に呼んで、出家を遂げる場面
- ・第三段落…公任が出家を知った道長と歌のやり取りをする場面

こうして見ると、主人公の公任を中心に段落ごとに脇役の人物が交代しているという話の構成がわかります。

注に、「御堂」は「藤原道長の法成寺または道長本人」とあるように、道長はすでに出家しています。第三段落では、先に出家していた道長が、「いにしへは」の歌を添えて公任に法衣を贈り、公任が「おくれじと」の歌を返したということです。

以上を踏まえて、まずは道長の歌を訳してみましょう。

①いにしへは＝思ひかけ②き＝③や＝とりかはし＝
かく着んものと＝④法《のり》の衣を

① 名 昔。
② 助動 過去［～た］
③ 係助 反語［～か、いや～ない］
④ 法の衣＝出家した人の着る着物。

直訳▼昔は思いもかけなかった。法衣を互いに贈り交わしてこのように着ることになろうとは。

読解ルール **和歌の自然描写や小道具に修辞あり！**

次は、公任の返歌を見てみましょう。掛詞の見つけ方はもう習得しましたか。掛詞は暗記問題ではありません。本文から探すものです。**第4講**では自然描写が掛詞になる例を扱いましたが、今回、第三段落に自然描写はありません。実は**掛詞になりやすいものに、「小道具」**というものがあります。「小道具」とは演劇などを行う時に用意するあの「小道具」です。それなら、第三段落の歌の直前に登場します。「御装束」です。道長の歌では「法の衣」と詠まれています。それを踏まえて公任の歌を訳してみましょう。

おくれ①じと　②契りかはして　着るべきを
君③が衣に　たち後《おく》れける

①**助動** 打消意志［〜まい］
②**名** 約束。
③**格助** 連体格［〜の］

直訳▼ 遅れるまいと約束をかわして着るはずなのに、あなたの衣にたち遅れてしまった。

この直訳の「あなたの衣にたち遅れてしまった」は不自然です。不自然なところに掛詞はあります。道長は先に出家していますので、公任は「あなたの出家に遅れてしまった」という訳なら、意味が通じます。

なぜ「出家」を「衣」と詠んだのか、「後れ」を「たち後れ」と詠んだのか、そこに掛詞のヒントがありそうです。もちろん「法の衣」が出家者の着物だから「衣」に「出家」の意味を持たせたのですが、それだけではありません。ここに掛詞を使うためなのです。「衣」は布を「裁ち」、縫って着物になります。この「裁ち」に「たち後れ」の「立ち」を掛詞として使うためにわざわざ「出家」を「衣」といい、「たち後れ」と詠んだのです。「断ち」ではダメです。やはり、「衣」と密接な関係にある「裁ち」でなければなりません。「衣」自体は掛詞にはなりませんが、「衣」に「出家」の意味を含ませて使っています。

よって、**正解は、「たちの部分に立ちと裁ちの意味が掛けてある」**となります。設問にはありませんが、「衣」と「裁ち」は縁語です。「縁語」については**第7講**で詳しく解説します。

解答 **たちの部分に立ちと裁ちの意味が掛けてある。**

関連メモ **掛詞を探すポイント**

地名 磐手（言はで）・明石（明かし）・近江（逢ふ身）・甲斐（峡《かひ》）
気象 長雨（眺め）・深雪（御幸）・嵐（あらじ）・秋風（飽き）
動植物 松虫（待つ）・鹿（しか）・葵（逢ふ日）・菊（聞く）
小道具 火取（独り）・紙（神）・文（踏み）・狩衣（借り衣）
心情を表す言葉 泣く（無く）・恨み（裏見）・思ひ（火）

現代語訳

かくて奥山の御住居も、**本意**あり、心のどかに思されて、年も暮れ

こうして、（大納言藤原公任は）奥山のお住まいも、**本来の希望**どおりとなり、心も落ち着かれて、年も暮れてしまうと、

ぬれば、一夜が[連体格]ほどに変はりぬる峰の霞もあはれに御覧ぜられて、「A山里いかで[反語(↓)]春を

一夜のうちに（春に）変わった峰の霞もしみじみとご覧になって、「（鶯の声なかりせば雪消えぬ）山里いかで春を

知らまし[推量・体(↑)]」など、うち**ながめ**させ[尊敬・用]たまふに、

知らまし〔＝もしも鶯の声がしなかったならば、雪が消えていない山里では**どうやって**春が来たのを知るの**だろうか**（いや、知ることはできない）〕」などと**口ずさみ**になられると、

一日《ついたち》の日も暮れて、二日辰《たつ》の時ばかり、B弁の君参りたまへり。

一日の日も暮れて、二日の午前八時頃に、弁の君〔＝定頼〕が参上なさった。

思ひかけぬ[打消・体]ほどのことかなと思さるるに、御装束持たせ[尊敬・用]たまへりける、隠れの方よりCうるはしうして、**御前**に出でて**拝し**たてまつりたまふなり[断定・用]けり。

（大納言は）思いがけないことだとお思いになるが、（弁の君は）ご装束をお持ちになっていたが、人目につかぬところから**きちんと**着用して、**御前**に出て（新年の）**拝礼**し申し上げなさったのだった。

D人なかのをりの御住居だに[類推]、なほわが御心には勝れて見えおぼさるる御有様の[主格]、

人の出入りの多い都の邸でさえ、やはりご自分の御心には優れているとお見えになりお思いになっていた弁の君の御様子は、

まいてさる山の長谷のほとりにては、光るやうに見えたまふに、あない**みじ**、

ましてこのような山の長谷の辺りでは、光り輝くように見えなさるので、ああ**たいしたもの**

重要語句

□ほい【本意】本来の意志。もとからの望み。

□いかで【如何で】①どうして〜か。②どうして〜だろうか、いや〜ない。③なんとかして。

□ながむ
【詠む】詩歌などをつくって口ずさむ。
【眺む】①もの思いに沈んで、ぼんやりと見る。②見渡す。ながめる。

□うるはし【美し・麗し】①整っている。きちんとしている。②立派だ。整って美しい。

□おまへ【御前】①（貴人の）前。おそば。②（貴人の敬称で）様。

□はいす【拝す】頭を下げて礼をする。

□いみじ ①すばらしい。②ひどい。恐ろしい。③並々ではなくたいそうなことだ。

これを人に見せばやと、見る甲斐《かひ》あり、めでたのただ今の有様やと、人の子にて見

自己の希望

だ、この様子を人に見せたいものだと、見る張り合いもあり、見事なこの有り様だなあと、他人の子どもとして

んに、うらやましくも、持たまほしかるべき子なりや、見目《みめ》、容貌《かたち》、心ば

仮定・体（撥）　断定・終　詠嘆

見たとしても、うらやましくて自分の子どもとして持ちたくなるにちがいない子どもであることよ、顔かたちも容姿も気だて

せ、身の才いかでかくありけんと、あはれにいみじう思さるるにも、御涙浮かびぬ。

疑問（↓）　過推・体（↑）　完了・終

も学識もどうしてこのように備わったことだろうかとしみじみとすばらしいものだとお思いになるにつけても、涙が浮かんだ。

さて山里の御あるじ、ところにしたがひをかしきさまにて、御供の人にも御み酒《き》賜ひて、

さて、山里のおもてなしを、その場にふさわしく趣深い様子に用意して、お供の人にも酒をおふるまいになり、

帰りたまふなごり恋しくながめやられたまふ。

自発・用

（弁の君が）お帰りになるのを名残惜しく見ていらっしゃる。

かくてついたち四日のつとめて、御堂に、三井《みゐ》の別当僧都尋ねに御消息ものせさせた

尊敬・用

こうして、月初めの四日の早朝、御堂にいらっしゃる三井寺の別当僧都〔＝心誉〕にお手紙をお差し上げになったの

まへば、参りたまへり。さて心のどかに御物語などありて、御本意のことも聞こえた

で、（心誉は）参上なさった。さて、のんびりとお話などをなさって、かねてからの出家の望みのことを申し上げなさっ

まへば、僧都うち泣きて御髪おろしたまひつ。戒など授けたてまつりたまひぬ。

完了・終

たので、僧都は泣きながら（大納言の）髪を剃り落とされた。戒などをお授け申し上げになった。

かくて帰りたまひぬれば、世にやがてもり聞こえぬ。これを聞こしめして、御堂よ

完了・終

こうして僧都がお帰りになったので、世間にもすぐ、（出家の噂が）広がった。このことをお聞きになって、御堂〔＝藤原

□かひあり【甲斐有り】①効果がある。②値うちがある。（↔かひなし）

□めでたし【愛でたし】①すばらしく心がひかれる。②喜ばしい。

□みめ【見目】①外見。姿。②顔かたち。容貌。

□こころばせ【心馳せ】気だて。気性。

□ざえ【才】①学識。②芸能。

□あはれなり　①しみじみと心動かされる。②しみじみと美しい。しみじみと趣深い。③かわいい。いとしい。④かわいそうだ。

□あるじ【主・饗】①主人。②もてなし。

□をかし　①すばらしい。美しい。趣がある。②こっけいだ。

□なごり【名残】①余韻。②面影。なごり。

□せうそこ【消息】①手紙。伝言。②訪問のあいさつ。

□ものす【物す】①する。②いる。ある。③〜である。

□ものがたり【物語】①話をすること。②物語。

り御装束一領《ひとくだり》してまゐらせたまふとて、

道長〕からご装束一揃いをととのえてお送りなさるといって、

いにしへは思ひかけき**や**とりかはしかく着**ん**ものと法の衣を

（や：反語　ん：婉曲・体）

昔は思ってもみたことでしょうか、法衣をお互いに贈り交わしてこのように着ようなどとは。

御返し、長谷より、

お返事を長谷から、

おくれじと**契り**かはして着るべきを君**が**衣にたち**後れ**ける

（が：連体格）

（出家のときには）お互いに**遅れ**ないようにしようと**約束**を交わして、（法衣を）着るつもりでしたが、あなたが法衣を着るとき（＝出家）には**遅れて**しまいました。

と**ぞ**聞こえさせたまひ**ける**。

（ぞ：強意（↓）　ける：過去・体（↑））

とお申し上げになった。

［出典：『栄花物語（3）』巻二十七　ころものたま］

□おくる【後る・遅る】①先立たれる。②劣る。③あとに残る。

□ちぎる【契る】①約束する。②男女が愛を誓う。夫婦の縁を結ぶ。

6
日記
専修大学 蜻蛉日記《かげろうにっき》

作品解説 ■ 平安時代に成立した日記。作者は右大将藤原道綱母。二十一年間の身辺の記録で、藤原兼家との結婚生活を中心に、回想的に記している。女性の愛の苦悩が深く見つめられて表現されており、女流日記文学を代表する作品である。

別冊（問題） p. 36

解答

問一	問二	問三	問四	問五	問六	問七	問八
④	②	⑤	③	②	⑤	①	②
2点	2点	4点	4点	4点	4点	4点	6点

合格点

22／30点

問題文の概要

あらすじ ● 作者の家を訪れていた夫兼家が突然発病する。心を取り乱した兼家の悲観的な発言に作者は悲しみの涙を流す。病状が悪化して自邸に戻ることになった兼家を見送る作者は夫の容態を思いやるほかなかった。

内容解説 ● 兼家の突然の発病という事態が起き、藤原兼家という権力者の私的な場面での人間らしい弱さを垣間見ることができます。また夫の発病に無力な作者の動揺や悲しみも伝わる文章です。

設問解説

問一　文法（「けれ」の識別）

「けれ」の識別では、形容詞や助詞を覚えていることが大切です。

●「けれ」の識別●

1　過去の助動詞「けり」の已然形

連用形＋「けれ」

基本形	未然形	連用形	終止形	連体形	已然形	命令形
けり	（けら）	○	けり	ける	けれ	○

2　形容詞の已然形活用語尾

基本形	語幹	未然形	連用形	終止形	連体形	已然形	命令形
いみじ	いみ	いみじから	いみじく いみじかり	いみじ	いみじき いみじかる	いみじけれ	いみじかれ

3　形容詞型の助動詞の已然形活用語尾

基本形	未然形	連用形	終止形	連体形	已然形	命令形
べし	（べく） べから	べく べかり	べし	べき べかる	べけれ	○

識別情報に従って、傍線部を見ていきましょう。

傍線部a　傍線部の直前も含めて品詞分解します。

①いと｜②便《びん》なかる｜③べけれ（a）｜ば

①副 たいそう。非常に。
②形「便なし」の連体形。
③助動「べし」の已然形。推量［～だろう］

よって、aは推量の助動詞の一部となります。

傍線部b　「いみじけれ（b）」は、形容詞「いみじ」の已然形です。よって、「けれ」は形容詞の一部となります。「いみじけれ」は「いみじ」と「けれ」には分かれません。**形容詞に助動詞が接続する場合は、カリ活用に接続します**ので、もし仮に「いみじ」に「けり」をつけるなら、「いみじかりけり」となります。

いみじ｜けれ…×
いみじかり｜けれ…○

解答　④

問二 文法（「なむ（なん）」の識別）

●「なむ（なん）」の識別●

1 未然形＋「なむ」→願望の終助詞〔～してほしい〕

2 連用形＋「な」＋「む」
→完了（強意）の助動詞＋推量の助動詞

3 名詞など＋「なむ」
→強意の係助詞

＊文末は連体形になる。

＊「なむ」がなくても文意は通じる。

4 ナ変動詞の未然形語尾「―な」＋推量の助動詞「む」

例 死なむ 訳 死ぬだろう

「なむ」の識別は、接続関係に着眼することが大切です。識別情報に従って波線部を見ていきましょう。

波線部ア 直前の「ものし」はサ変動詞「ものす」の連用形です。よって、アは完了の助動詞＋推量の助動詞（ここでの意味は意志）となります。

波線部イ 直前の「する」はサ変動詞「す」の連体形です。文末の「わりなき」は形容詞「わりなし」の連体形です。よって、イは係り結びになっている係助詞となります。

波線部ウ 直前の「やみ」は四段活用動詞「やむ」の連用形です。よって、ウは完了の助動詞＋推量の助動詞となります。

波線部エ 直前の「奉り」は四段活用動詞「奉る」の連用形です。よって、エは完了の助動詞＋推量の助動詞（ここでの意味は勧誘）となります。

解答 ②

関連メモ サ変動詞「ものす」

サ変動詞「ものす」は、『蜻蛉日記』では頻繁に出てくる動詞です。

「何かをする」という意味で、婉曲的に用いられます。今回は設問になっていませんが、「ものす」の意味を答えさせる設問は頻出です。

ものす＝サ変動詞。種々の動詞の代わりに用いる
→
場面や文脈で意味を判断する

問三 現代語訳

ポイントは「あら＋まほし」と「あらまほし」の違いです。

●現代語訳の手順●

1 品詞分解する

2 直訳する

3 手直しをする

手順に従って、現代語訳をしてみましょう。傍線部Aは、二通りの品詞分解が考えられます。

「あら」を動詞、「まほし」を助動詞と捉えるか、「あらまほし」で一語の形容詞と捉えるかの違いです。

(1) いと①―あら②―まほしき③―を④
(2) いと―あらまほしき⑤―を

(1)①副 たいそう。非常に。
②動「あり」（ラ変動詞の未然形）
③助動「まほし」の連体形。願望［〜たい］
④接助
(2)⑤形「あらまほし」の連体形。理想的だ。
(1)か(2)かを判断するには、前後の文脈を見る必要があります。

読解ルール 傍線部の前後に根拠あり！

傍線部の上に、場所を表す言葉「ここに」がありますので、「あらまほし」の「あら」は存在を表す動詞だと判断できます。「ここに」と傍線部をつなげて訳しても、「ここに理想的だ」では文が成立しませんので、「あらまほし」を形容詞ととることはできません。(1)の品詞分解に従って直訳すると、「たいそういたいが」となります。選択肢と照らし合わせましょう。

6

---

① 糸があったらよいのだが ×
② とてもうらやましいことだけれども ×
③ たいへん理想的であるけれども ×
→「あらまほし」を形容詞と捉えているのが×。
④ とても荒々しいことだが ×
⑤ ぜひ留まっていたいのだが →矛盾がない。

「あり」は存在を表す動詞なので、「留まる」と訳すことができます。よって、⑤「ぜひ留まっていたいのだが」が正解です。

③を選んでしまうのは、形容詞「あらまほし」の知識だけにとらわれた解き方をしているからです。知識は最大の武器ですが、それだけでは上位の大学の設問に正しく答えることはできません。必ず原点に立ち返って品詞分解し、解釈の可能性を探り、前後の文脈に合っているかどうかを確認して解答しなければなりません。単語の意味だけに頼らずに、傍線部の前後を確認しましょう！

解答 ⑤

問四 解釈

ポイントは「つらし」と「な…そ」の意味です。**問三**の「現代語訳」と「解釈」とはどう違うのでしょうか。**問三**と**問四**の選択肢を見てください。**問三**はほぼ直訳なのに対して、**問四**

は、傍線部の訳だけでなく内容を補ったものになっています。

つまり、「解釈」とは、傍線部を本文の内容に即してわかりやすく現代語訳しなさい、ということなのです。

●解釈の手順●

1　品詞分解
2　直訳
3　手直し――(1)言葉を補う
(2)不自然な表現を改める

手順に従って、まずは現代語訳をしましょう。

①つらし／と／②な／③おぼし／そ

①形「つらし」薄情だ。つらい。
②な…そ＝禁止を表す副詞「な」と終助詞「そ」。…しないでくれ。
③動「思ふ」の尊敬語「おぼす」の連用形。

直訳 ▼ つらい（薄情だ）とお思いにならないでおくれ

次に、状況把握をします。まず、この発言が誰のものであるかを確認します。**注1**に「自邸である兼家邸」とありますので、この発言が夫兼家のものであることがわかります。次に傍線部**B**の直前「ここにぞ、いとあらまほしきを、……かしこへものしなむ」に注目します。同じく**注1**から「かしこ」が「兼家の自邸」を指すとわかります。**問三**で見たように、傍線部**A**は「ここにぜひ留まっていたいのだが」と逆接の意味で、下の「かしこへものしなむ」にかかっていきます。

読解ルール　逆接は対比関係を表す！

作者の家
ここにぞ、いとあらまほしきを（ここにぜひ留まっていたいのだが）
↔（対比）
兼家の家
かしこへものしなむ＝留まらない

傍線部**A**と「かしこへものしなむ」は対比の関係ですから、「かしこへものしなむ」は「留まらない」の意味になるはずです。「留まらない」は、言い換えれば「自宅に戻る」ということです。「ここにぜひ留まっていたいのだが、何事も不便だから、自邸に戻るつもりだ」と兼家は言ったのです。これに続いて「つらい（薄情だ）とお思いになってはいけない」というのですから、「自分が自宅に帰ること」をつらい（薄情だ）と思わないでくれと妻に訴えているわけです。よって現代語訳は、**「私が自邸に戻**

ることをつらい（薄情だ）とお思いにならないでおくれ」となります。

現代語訳と選択肢を照らし合せます。

① あなたを家に帰すことを、意地が悪いと思わないでおくれ

→「自分（兼家）が帰宅する」が○。「思わないで」が尊敬語の訳になっていない。

② 病でつらいから、私に冷たくしないでください

③ 私のすることを、ひどい仕打ちとお思いにならないでおくれ

④ 病でつらいときに、私に心配をかけないでください

→矛盾がない。

⑤ 女房達に、ひどい仕打ちをしてやろうなどと思わないでおくれ

③は、「つらし」の訳を「ひどい仕打ち」としていますが「薄情」と同じ意味ですし、「自宅に帰ること」を「私のすること」としていますが、これは具体的な内容になっていないだけで間違いとは言えません。よって、**③が正解**です。

解答 ③

問五 解釈

ポイントは、「主体判定」と、助動詞「るれ」の意味です。これは主体と訳を問う設問です。『蜻蛉日記』では会話以外では敬語はほぼ使われませんので、敬語によって主体を決めることはできません。動詞を追いながら丹念に主語を決めて読み進めなければなりません。

読解ルール 本文の初出の動詞の主語は前書きの主語と一致する

> **●主語の継続・交替のルール●**
> **接続助詞「て・つつ・ながら」**→主語の継続
> **接続助詞「を・ば」**→主語の交替
> 「、」→主語の継続
> 「。」→主語の交替
> ＊あくまでも原則なので、よく確認することが必要。

主体判定のルールを使って、動詞と主語を抜き出し、一覧にしてみました。

主語	→	**動詞**
兼家	→	渡りたる程[に]しも、苦しがりそめ[て]（継続）
兼家	→	思ひ惑ふ[を]（交替）

作者→いとみじと見る［。］（交替）
兼家→言ふことは「　」と［て］（継続）
兼家→(あ)泣く［を］（交替）
作者→見る［に］（継続）
作者→ものおぼえずなり［て］（継続）
作者→C泣かるれ［ば］（交替）
兼家→「　」など、臥し［ながら］、（継続）
兼家→いみじう語らひ［て］（継続）
兼家→(う)泣く［。］（継続）
兼家→呼びよせ［つつ］（継続）
兼家→「　」と言へ［ば］、（交替）
みな→泣きぬ［。］（交替）
作者→ものだに言はれず［、］（継続）
作者→ただ(え)泣きにのみ泣く。

初出の動詞「渡り」から「思ひ惑ふ」までの主語は、前書きから、「兼家」とわかります。その後、「作者」と交互に主語が交替します。キャッチボールをするように、兼家→作者→兼家→作者と交替していきます。

10行目の「呼びよせ」の主語がルールから外れていてちょっと難しいです。直前の「ある人々」が主語のように見えてしまいますが、**注**によれば「ある人々」は作者に仕える女房達ですから、主人や主人の夫を呼び寄せることはありえません。**呼び寄せた後の発言の内容から、ここは兼家の主語が継続している**と判断します。

では、設問に戻りましょう。傍線部Cは、弱気になって泣く兼家を見て「作者」も「泣く」ということです。傍線部Cを品詞分解すると、

泣か①｜るれ②｜ば③

① 動「泣く」（四段活用の未然形）
② 助動「る」の已然形。自発・受身・可能・尊敬
③ 接助 順接確定条件［〜ので］

ここで選択肢を見ましょう。「泣く」の主語は作者（＝道綱母）なので、選択肢を①と②に絞ることができます。

①道綱母も、泣くことはできるが
②道綱母も、自然と涙があふれてくるので

已然形＋「ば」は、順接確定条件を表しますので、「〜ので・〜と」の意味になります。このことから、逆接確定条件の意味になっている①を除くことができます。

よって、**②「道綱母も、自然と涙があふれてくるので」が正解**です。

この設問では結果として「る」の意味を識別する必要はあり

ませんでしたが、重要事項なので解説をします。助動詞「る・らる」が可能の意味になるときは、打消語を伴って、「〜できない」となることが多いのですが、打消語の有無だけを根拠に意味を判断するのは危険です。主語や文脈をしっかり捉えた上で、意味を判断するようにしましょう。

解答 ②

問六　主体の把握

ポイントは、主語の交替です。

(あ)は、**問三・問四**から、(あ)の直前の発言が兼家のものだとわかり、その発言と「とて」でつながっていますので、「泣く」の主語は「兼家」です。これで、選択肢を③④⑤に絞ることができます。

(い)は、**問五**から、泣いている作者に「泣かないでおくれ」と兼家が言っていますから、「泣く」のは「作者（＝道綱母）」です。これで、選択肢は④と⑤が残り、さらに(う)は④も⑤も「兼家」となっています。

(え)は、泣いている兼家の言葉を聞いた女房達が泣き、それに続いて作者が泣いたということです。兼家はすでに(う)で泣いていますから、傍線部(え)の直前の「みづから」は、作者自身を指します。

以上から、**正解は⑤**です。

解答 ⑤

問七　適語の補充・解釈

選択肢を見ると、空欄に入れるのは、呼応の副詞です。呼応の副詞は、副詞とセットになる語を覚え、訳ができることが大切です。

●主な呼応の副詞と訳●

- **え…打消語**　訳 〜できない
- **さらに…打消語**　訳 まったく〜ない
- **つゆ…打消語**　訳 少しも〜ない
- **をさをさ…打消語**　訳 めったに〜ない
- **な…そ**　訳 〜しないでくれ
- **よも…じ**　訳 まさか〜あるまい

次に、傍線部Dを訳しましょう。

①あり｜②とも、｜こち｜は｜□｜③参る｜④まじ

① 動「あり」存在を表す。
② 接助 逆接仮定条件［〜としても］
③ 動「行く」の謙譲語「参る」の終止形。
④ 助動 打消推量［〜ないだろう］

選択肢を見てみましょう。「まじ」は打消推量の助動詞なので、「な」を補っている③を除くことができます。②は、「え」を補っ

ているのに、訳が「いけない」と禁止になっているので除くことができます。④と⑤は「をさをさ」を補っているのに、訳が「無理だろう」「できないだろう」となっていますが、「まじ」には不可能の意味もありますので、完全に間違いとは言えません。

傍線部Dは、兼家が作者に自分の死後の話をしている発言の中にあります。「ありとも」は直前の「死なずはありとも」を受けていると考えられますから、「たとえ死ななくても」の意味となります。このことから、選択肢⑤を除くことができます。「こち」は近称の指示代名詞で、「こちら」の意味ですから、兼家が今いる作者の家を指しているとわかります。よって、**正解は、①「『え』を補い、兼家が死ななかったとしても、道綱母の屋敷に参上することはできまい、の意」**となります。**解答** ①

問八　内容判定 難

問題文と内容が一致するものを選ぶ問題は、本文の記述と選択肢の記述を細かく照らし合わせます。

① 病の兼家は、×数日前から体に不調を感じていたので、余命もそれほど長くないのではないかと不安を覚えていたことを、×道綱母にだけ告白した

→兼家は作者（＝道綱母）の家で体調を崩し、死にそうだ、死なないとしてもこれが見納めだなどと、作者に訴え、女房たちにも同じようなことを話している。

② 病の兼家は、車で道綱母の屋敷を去るに際し、道綱母のほうを見つめるばかりであったが、道綱母も心が動揺して何も言うことができなかった

→矛盾がない。

③ 病の兼家は、道綱母や周囲の者たちと言葉を交わしているうちに、少しずつではあるが、×体調が回復し、ようやく車に乗ることができた

→本文13行目に「心地いと重くなりまさりて（病状が重くなって）」とある。

④ 病の兼家は、自らの死後、道綱母は必ず他の男と結婚するだろうけれども、もしそうであるなら、×できるだけ早いほうがよいと述べた

→本文7行目に「おのが忌みの内にし給ふな（私の喪に服している間は再婚なさらないでくれ）」とある。

⑤ 病の兼家は、道綱母の兄弟に抱きかかえられて、車に乗り込んだが、その兄弟も、道綱母を気の毒に思って、×すっかり肩の力を落としていた

→本文15行目に、「さらになでふことかおはしまさむ（何も大したことはありません）」とあり、兄弟は気丈にふるまっている。

「心が動揺して何も言うことができなかった」が本文にありませんが、本文14行目に「とまるはさらにも言はず（後に残る者は言うまでもない）」とあり、「兼家が作者を見つめるばかりであった」を受けて、「作者も悲しくて兼家を見つめることしかできず、何も言えなかったのは言うまでもない」と読み取ることができます。

よって、**正解は②**です。

本文にはっきりとした記述のないことが正解となるのは、難問です。このような場合は、明らかに間違った内容を含んだ選択肢を消去し、残った選択肢が許容範囲であるかどうか検討します。

解答 ②

現代語訳

三月ばかり、ここに**渡り**たる程にし（強意）も、苦しがりそめて、いと**わりなう**苦しと思ひ

三月頃、（夫の兼家が）ちょうど私の家に**来ていた**時に、苦しがり始めて、本当に**どうしようもなく**苦しいと**取り乱して**

惑ふを、いと**いみじ**と見る。言ふことは「ここにぞ（強意(↓)）、Aいとあらまほしきを（↑流）、

いるのを、（私は）**とても大変なことになった**と見る。（夫が）言うことには、「**ここに**、ぜひ留まっていたいのだが、

何事もせむ（仮定・体）に、いと**便なかる**べaけれ ば、**かしこへものし**アなむ（意志・終）。B**つらし**とな（禁止）おぼし

（ここでは加持など）何をするにも、とても**不便だ**ろうから、**あちら**（自邸）へ**帰ろ**うと思う。（私のすることを、）**ひどい**

そ（禁止）。にはかにも、**いくばく**もあらぬ（打消・体）心地なむ（強意(↓)）する（サ変動・体(↑)）、イなむ（強意(↓)）、

仕打ちとお思いにな**らないでおくれ**。急に、**あといくら**も生きられないような気がして、実につらい。

重要語句

□ やよひ【三月・弥生】陰暦三月。

□ わたる【渡る】①渡る。移る。②ずっと～する。

□ わりなし【理なし】①道理に合わない。ひどい。無理やりだ。②どうしようもない。③苦しい。④すばらしい。

□ まどふ【惑ふ】①迷う。うろたえる。②ひどく～する。

□ いみじ ①すばらしい。②ひどい。恐ろしい。③並々ではなくたいそうなことだ。

形・体(↑)　強意(↓)
いとわりなき。あはれ、死ぬとも、おぼし出づべきことのなきなむ、いとかな
ああ、（私が）死んだとしても、（あなたが私を）思い出して下さることが何一つないことが、本当に悲しい

詠嘆・体(↑)　(あ)　四動・用　C
しかりける」とて、泣くを見るに、ものおぼえずなりて、またいみじう泣かるれば、
ことだ」と言って、泣くのを見ると、（私は）分別をなくして、さらにひどく泣けてくるので、

禁止　(い)　禁止　打消・体
「な泣き給ひそ。苦しさまさる。よにいみじかるべきわざは、心はからぬ
（夫は）「お泣きなさるな。（あなたが泣くと）ますます苦しくなる。何よりもつらいことは、思いがけずに、

婉曲・体　強意(↓)　詠嘆・体(↑)　疑問(↓)　現推・体(↑)
程に、かかる別れせむなむありける。いかにし給はむずらむ、一人は世
こういうまわの別れをすることであるよ。（私が世を去ったら、あなたは）どうなさるのだろうか、まさか独身

詠嘆　サ変動・用　禁止
におはせじな。さりとも、おのが忌みの内にし給ふな。もし死なずはありと
でおいでになることはあるまい。仮に再婚なさるとしても、私の喪中には再婚しないでほしい。もし私が死なずにいたとして

断定・終　D
も、限りと思ふなり。ありとも、こちは［え］参るまじ。おのがさかし
も、（訪れるのは）これが最後だと思う。生きていても、（大病の後では）こちらへ伺うこともできまい。私がしっかりしてい

婉曲・体　強意(↓)　勧誘・已(↑)　強意(↓)
からむ時こそ、いかでもいかでも、ものし給はめと思へば、かくて死なば、これこそは、
る間は、何としてでも自邸へ来てほしいと思うけれども、この病で死ぬとしたら、これが、あな

断定(撥無)　推量・已(↑)　(う)
見奉るべき限りなめれ」など、臥しながら、いみじう語らひて泣く。
たの見納めということなのだろう」などと、横になったまま、しみじみと語って泣く。

疑問(↓)
これかれ、ある人々、呼びよせつつ、「ここには、いかに思ひ聞こえたりとか
（夫は）だれかれと居合わせた女房たちを呼び寄せては、「私が、どんなに（この方を）深く愛していたと思うかね。

□ここ【此処】こちら。
□びんなし【便無し】①不都合だ。②気の毒だ。
□かしこ【彼処】あそこ。あちら。
□ものす【物す】①する。②いる。ある。③～である。
□つらし【辛し】①薄情で思いやりがない。②つらい。心苦しい。
□な…そ　するな。…してはならない。
□いくばく【幾許】どれほどの。どのくらい。
□かなし【悲し・哀し】①悲しい。②かわいそうだ。【愛し】①いとおしい。かわいい。②身にしみておもしろい。
□ものおぼゆ【物覚ゆ】①意識がはっきりする。②物心がつく。
□さりとも【然りとも】たとえそうであっても。それにしても。
□かぎり【限り】①限度。②機会。③人生の終わり。
□さかし【賢し】①勝れている。賢い。②しっかりしている。③こざかしい。

見る。かくて死なば、また対面せでや、やみなむと思ふこそ、いみじけれ」と言へば、みな泣きぬ。　みづからは、ましてものだに言はれず、ただ泣きにのみ泣く。

このままで死んでしまったら、二度と対面することもなく、**終わって**しまうのかと思うと、ほんとうに悲しい」と言うので、みな泣いてしまった。　私自身は、ましてものさえ言えず、ひたすら泣くばかりである。

かかる程に、**心地**いと重くなりまさりて、車さし寄せて乗らむとて、かき起こされて、人にかかりてものす。　うち**見おこせ**て、**つくづく**うち**まもり**て、いといみじと思ひたり。とまるは**さらにも言はず**。　このせうとなる人なむ、「なにか、かく**まがまがしう**。　さらに**なでふ**ことかおはしまさむ。はや奉り」なむ」とて、**やがて**乗りて、抱へてものしぬ。思ひやる心地、**言ふかたなし**。

こうしているうちにも、**容態**がますますひどくなってきて、車を縁先に寄せて乗ろうとして、（従者に）抱き起こされて、人の肩に寄りかかって車に乗り込む。（兼家は）私のほうを**振り返り**、**じっと見つめて**、とてもつらいと思っている様子である。後に残る私が何も言えないのは**言うまでもない**。同居している兄弟が、「どうして、そんなに**縁起でもなく**（泣くのですか）。このうえ**どんな**ことが起こるというのですか、何も起こりはしませんよ。さあ車にお乗りください」と言って、**そのまま**同乗して、抱きかかえて出て行った。（夫を）思いやる私の気持ちは、**表現のしようもない**。

［出典：『蜻蛉日記』上巻］

□ かたらふ【語らふ】①話を交わす。②親しく交際する（特に男女が）。③説得して仲間に引き入れる。

□ ここ　①この私。②あなた。

□ やむ【病む】①病気になる。②思い悩む。【止む】①止まる。②中止になる。③病気が治る。

□ ここち【心地】①気持ち。気分。②心。③病気。

□ みおこす【見遣す】こちらを見る。

□ つくづく【熟々】①じっと。②しんみりと。しみじみ。

□ まもる【守る】①じっと見る。②見守り世話をする。

□ さらにもいはず【さらにも言はず】改めて言うまでもない。

□ まがまがし【禍々し】①不吉だ。②憎らしい。

□ なでふ　なんという。いかなる。

□ やがて　①そのまま。②すぐに。

□ いふかたなし【言ふ方無し】言いようがない。

7

日記

京都産業大学

成尋阿闍梨母集《じょうじんあじゃりのははのしゅう》

作品解説 ■ 平安後期の日記的家集。成尋阿闍梨母著。六十一歳で入宋を果たした我が子・成尋阿闍梨との、再会を期しがたい生別の悲しみを綿々と綴る。深い母性愛の発露がうかがえる。

別冊（問題） p. 42

解答

問一	問二	問三	問四	問五	問六	問七
2	3	1	4	1	3	2
2点	2点	5点	5点	6点	5点	5点

合格点

20／30点

問題文の概要

あらすじ ● 長年仏道修行に励む息子の姿を頼もしく思い、何の心配もなく過ごしてきたが、最愛の息子の渡宋という思いがけない出来事に直面して、年老いた作者は悲嘆にくれる。息子が渡宋のために乗船の準備を始めたと聞くと、息子への恋しさに胸を焦がす。これも前世の因縁だと自らに言い聞かせるが、息子を引き止めることができなかったことを後悔する。

内容解説 ● 息子を愛するが故の老母の悲嘆が心情告白と歌によって描かれています。思っても仕方ないことを思い、悔いても仕方ないことを悔いて嘆き悲しむ作者の姿からは、異常なまでの息子への執着を感じとることができます。

設問解説

問一　語句の意味

傍線部Aの「行ひつとめ」の「行ひ」を名詞とはせず、「行ふ」も「つとむ」も「仏道修行する・勤行する」の意味なので、**2「仏道の修行に励む。」が正解**です。直後の「おはさうずれ」は、「あり」の尊敬語「おはさうず」の已然形です。「おはさうず」は主語が複数のときに用いる語ですので、「行ひつとめ」の主語は「君だち（成尋と律師）」だとわかります。

解答　2

問二　解釈

まずは傍線部Bを訳します。

①かく｜②たぐひなき｜心

① 副 このように。
② 形【類無し】並ぶものがない。他に類がない。

直訳 ▼ このように他に類のない心

傍線部Bを下に伸ばすと、「つきたまへりける阿闍梨」とありますので、これは阿闍梨の心です。阿闍梨が、どのような「他に類のない心」をもったのか、捉えることが必要です。阿闍梨の心については、前書きに「成尋（＝阿闍梨）が宋の国に渡ることを決め」とあります。選択肢の中で渡宋について言及しているのは3しかありません。よって、**正解は3「宋の国に行って仏道を究めようとする志。」**となります。

これに続く記述で、作者は長生きしたせいでこんな息子の志を見ることになってしまった、と嘆いています。前書きにあるように、作者は八十歳を超えています。それにしても、息子が六十一歳というのは、驚きませんでしたか。これを知らずに本文を読むと、成尋はまだ子どもなのかと思ってしまいます。二人の年齢を知ることによって、作者の異常なまでの息子への愛情をより理解することができます。登場人物のおおよその年齢を知って読むことは、その作品の深い理解につながります。

解答　3

問三　解釈　難

ポイントは「だに」の意味です。まずは、傍線部Cを訳します。

①むなしき｜殻｜②こそ｜は｜梢｜に｜は｜③とどめ｜④んず｜⑤らめ、｜それ｜に｜も｜劣り｜て、｜こ｜の｜身｜に｜は｜⑥影｜⑦だに｜も｜見え｜ず

① 形【空し】空である。無益である。はかない。
② 係助 強意

7

③**動**【止む・留む・停む】「とどむ」の未然形。残す。
④**助動**「む（ん）ず」の終止形。推量［〜だろう］
⑤**助動**「らむ」の已然形。現在推量［〜ているだろう］
＊「こそ…らめ」で逆接の意味になる。
⑥**名** 姿。面影。
⑦**副助** 類推［〜さえ］
直訳▼空っぽの殻は梢に残っているだろうが、それにも劣って、この身には面影（姿）さえも見えない

選択肢を見ると、「蟬の脱け殻」の意味が二通りありますので、その検討をします。「むなしき殻」となっていますので、「蟬の脱け殻」をマイナスの状態として捉えていると判断できます。**「蟬の脱け殻」のことを「空蟬（うつせみ）」と言い、「はかないこの世」を表す言葉**でもあります。このことから、「蟬の脱け殻」を「成長していく」ものとしてプラスに捉えている**3**と**4**を除くことができます。選択肢**1**と**2**の違いは、「蟬の脱け殻」の意味づけと「影だにも見えず」の解釈です。「脱け殻」が「からっぽである」のは間違いありませんから、「影だにも見えず」の意味が決め手となります。

傍線部**C**は、作者が梢の蟬の脱け殻を見て、蟬の状態と阿闍梨の状態を比べて、自分のつらい境遇を述べています。

梢……　蟬＝どこかへ飛んで行って➡脱け殻が残っている
↔（比較）　　↔対比
この身……阿闍梨＝宋へ行ってしまい➡「影だにも見えず」

よって、「影だにも見えず」は、蟬が脱け殻を残していることに対比される阿闍梨の状態だと判断できますので、選択肢**1**の「息子の面影さえも残っていない」が合致します。また、**2**は、副助詞「だに」の訳出がありません。よって**正解は、1「蟬は脱け殻を残して、それははかないことであるが、わが身はそれ以下で、息子の面影さえも残っていない。」**となります。

傍線部**C**の前にある和歌に「絶えん命」とあり、また、その直前の「けふにても失《う》せぬべく覚え」は、「今日にでも死んでしまいそうに感じる」の意味ですから、作者の頭には死がよぎっていることがわかります。死んでしまったら二度と息子に会えませんから、選択肢**2**を選びたくなるかもしれません。本文の内容を根拠に解答することは重要ですが、何より傍線部の正確な解釈をすることで、正解に到達できるということです。

息子が何か自分の技術を究めたいから海外に修行に行く、という状況は現代ならばそれほど母親を悲しませはしないでしょう。むしろ「頑張ってこい」と送り出すかもしれません。けれど、時は平安時代後期ですから、中国は遠く、船で渡るのも命

がけだったはずですから、母親の心配は尽きなかったでしょう。

解答 1

問四 **解釈**

ポイントは「こそ」の逆接用法です。設問に、「『こそ』と『は』の係助詞を重ねて強調することによって、より複雑な心境を表している」とありますが、ここには読解のための重要文法があります。「こそは」の直前の「あらば」は、未然形＋「ば」の形で順接の仮定条件を表します。**その仮定されたことを「こそは」によって強調することで、それが実現しないことを表します。**つまり、**打消の語句がなくても打消の意味になる**ということです。

> 未然形＋ば＋こそ（は）の形＝「〜ならばともかく、そうではない」の意味
> 例 法皇のゆづりましましたる世ならばこそ（平家物語）
> 訳 法皇がお譲りになった政権ならばともかくだがそうではない

選択肢の中で、打消の意味になっているのは、4「信じられるが、実際はそうではないのだから」しかありません。よって**正解は4**となります。傍線部D全体を訳すと、「手紙などの連絡が届いているならば信じられるが、実際はそうではない」となり、矛盾がありません。

傍線部の直後の「まことにやあらん、虚言《そらごと》にやあらん」は、人から聞いた「阿闍梨が宋に渡る準備をしている」という情報を、作者は「本当だろうか、嘘だろうか」と判断しかねている、ということです。手紙があればその情報を信じられるが、実際は手紙がないのだから、阿闍梨が準備を始めたという情報の真偽のほどがわからず、ますます悲しみを募らせているのです。

解答 4

問五 **和歌の趣旨**

和歌には、「解釈（現代語訳）」、「趣旨の説明」、「修辞の説明」、「心情の説明」などの設問がありますので、何を答えるのかをはっきりさせる必要があります。

「現代語訳」の場合は、和歌の直訳を元に、修辞も含めて丁寧に訳しますが、**「趣旨」を答える場合は、修辞（掛詞や縁語）などを訳出する必要はありません。**まずは和歌を五七五七七に切って、直訳します。

設問に、「『おもひ』（思ひ）の『ひ』に火の意を掛けている」とありますが、これは大きなヒントです。**和歌の中に、何か「火」に関連した言葉が使われている可能性**があるからです。

淀みなく／涙の川は／①ながるれ②ど／③おもひぞ胸を／④やくと⑤こがるる

① 動【流る】（下二段活用の已然形）
② 接助 逆接
③ おもひ＝「思ひ」と「火」の掛詞。
④ やくと＝「役と」と「焼く」の掛詞。「役と」は「もっぱら」の意味。
⑤ こがるる＝「恋い焦がれる」と「焦げる」の意味が掛けてある。

直訳▼ 淀みなく涙は流れるが、もっぱら思いで恋い焦がれるよ。

「火」「焼く」「焦げる」は一つのイメージでつながる言葉です。これを「縁語」と言います。そして、「縁語」はあくまでも歌における飾りのようなもので、**作者が言いたいのは「思ひ」と「役と」と「恋い焦がれる」のほう**です。

和歌の訳だけを見ると、まるで恋人を思って詠んだ歌のように見えますが、**問二**、**三**で見たように、「思ひ」は「作者の息子への思い」です。これを踏まえて選択肢を検討します。

1 あふれ出て激しく流れる涙によってでも思いの火が消えないほど、わが子を恋い慕っている。
→矛盾がない。

2 あふれ出て激しく流れる涙によって思いの火を消したい×ほど、わが子のことを思って苦しくなる。
→「消したい」が間違い。「ながるれど」は逆接の意味で、「涙が激しく流れるけれど『火』は消えない」という意味。

3 涙があふれ出て激しく流れているように、×わが子への強い思いは火となって、胸を焼きこがしている。
→「涙」が「思ひ」のたとえとなっているのが間違い。「涙」は「火」を消すものという意味合いで使われている。

4 涙があふれ出て激しく流れている以上に、より強くわが子を恋い×こがれる胸の思いが火となって燃えている。
→一見矛盾がないように見えるが、「火」と「焼く」と「焦げる」は縁語なので、和歌の趣旨には含まれない。

よって、**1「あふれ出て激しく流れる涙によってでも思いの火が消えないほど、わが子を恋い慕っている。」**が正解となります。

「嘆きわび」の歌も解説しておきましょう。

「つゆ」が副詞の「つゆ」と「露」の掛詞で、「露」「置く」「葉」は縁語です。「葉の上に露が置いている」イメージを持たせ、「露」は「はかない命」のたとえでもありますから、悲しみの中で死んでしまいそうだという作者の気持ちも表しています。

解答 1

> **関連メモ** **縁語**
> 雨・降る・笠　波・寄る・返る
> 雪・消ゆ・解く　川・流れ・瀬
> 露・置く・消ゆ　弓・射る・張る
> 衣・裁つ・着る

問六 **解釈**

ポイントは「前世の因縁」という考え方です。設問にある「現世の事柄は前世の因縁の法則によってつながるもの」というのは仏教の基本的な考え方です。因果応報は、簡単に言うと、「今現世で起きていることの原因が前世にある」という考え方のことです。「前世で仇敵《きゅうてき》であった者」が原因で、「現世で親子となる」というのが結果です。「仇敵」は、「恨みを抱いている敵・仇」の意味ですから、自分を苦しめたり悲しませたりする存在です。息子との別れを悲しんでいるということは、言い方を変えれば、息子によって悲しまされている、息子が自分を苦しめているということです。「前世で息子は仇敵だったから、現世で息子が親である私を苦しめるということもあるのだ」と作者は思っているのです。設問に「作者はどのようにして自分の心を落ち着かせようとしているか」とありますので、**作者は、息子が自分を苦しめているという受け入れ難い状況を、前世の因縁なのだと思うことで「心を落ち着かせよう」としているということです。**選択肢の中で「子が親を苦しめる、悲しませる」の意味になっているのは、**2**と**3**と**4**です。

2は、「子がいるために」が間違いです。「子どもの存在」に苦しんでいるわけではありません。

4は、「憎いと、思う」が間違いです。「憎い」という感情は「心を落ち着かせる」とは反対の行為です。

よって、**3「子がこれほど親を苦しませることもあり得ると、納得しようとする。」が正解**となります。自分に何か不幸なことが起きたとき、「これは宿命だ」と思って、その不幸な事態を受け入れようとする心の働きは今の時代でもあります。作者は、息子から苦しめられている不幸な状況を、前世の因縁だと思うことで、受け入れようとしているのです。

解答 3

問七 **解釈** 難

ポイントは敬語と「かぎり」の意味です。選択肢を見ると敬語の有無があり、現代語訳に近い問題だと言えます。

選択肢に助けてもらいながら直訳してみましょう。

「多くの年ごろ」は、すべての選択肢が「長い間」の意味となっています。次に、「飽かぬことなくて」の意味を捉えます。

> **飽か①—ぬ②—こと—なく—て**
> ① 動「飽く」満足する（四段活用の未然形）
> ② 助動「ず」の連体形。打消［〜ない］

「飽かぬことなくて」は「満足しないことがない」つまり「満足して」の意味になります。よって、「満足して」の意味になっていない**1**を除くことができます。

続いて「あらせたまへるかぎり」の意味を考えます。

> **あら①—せ②—たまへ③—る④—かぎり**
> ① 動「あり」（ラ変の未然形）
> ② 助動「す」の連用形。使役［〜させる］・尊敬［〜なさる］
> ③ 補動【給ふ】已然形。尊敬［〜なさる］
> ④ 助動「り」の連体形。存続［〜ている］

「給へ」は尊敬語で、自分の行為には用いませんから、「あらせ」の主語は私（作者）ではなく、成尋だと判断できます。これで、選択肢**1**と**3**を除くことができ、「過ごさせて下さった」の訳から、「せ」の意味も使役だとわかります。残った**2**と**4**の違いは、「かぎり」の捉え方です。**2**は「月日の限度」とし、**4**は「寿命の限度」としています。**問三**で解説したように作者は自分の死を意識していますので、**4**「寿命の限度」と考えるかもしれませんが、傍線部をよく見てください。

「ありける月日のかぎり」は、「あらせたまへる月日のかぎり」という使役文を、自分を主語にした能動文に言い換えています。ですから、「かぎり」は「寿命の限度」ではなく、「月日の限度」だと判断できます。よって**正解は2「長い間、何の不満足もなく過ごさせて下さった月日にも限度があり、今、その限度が来たのであろう」**となります。

解答 **2**

現代語訳

年ごろ思ふことなくて、世の中さわがしと言へば、こ
長年物思いをすることもなくて（過ごして来たが）、（疫病の流行のため）世間が騒然としていると（人々が）言うので、**自**

の**君だち**いかが〔疑問(↓省)〕と思へど、かばかり A行ひつとめつつおはさうずれば、
分の息子たち〔＝成尋や律師〕はどうであろうかと思うが、（二人とも）こんなにも**仏道修行**を続けていらっしゃるので（大丈

それも**頼もしう**はべりつるほどに、多くの年ごろあり、Bかく**たぐひなき**心
夫であろうと）、それに関しては**安心し**ておりました間に、多くの年月が過ぎ、このように**例のない**（渡宋

つきたまへりける阿闍梨の心やうになるまであひたるも、あまりの命長さの罪に〔断定・用〕ぞ〔強意(↓)〕覚
の）志をお持ちになった阿闍梨の心の有様になるのに（私が）出会ったのも、あまりにも長生きをしすぎた罪だと思わ

えはべる〔ラ変補動・体(↑)〕。今はもし立ち寄りおはしたりとも、それまで世に生きてはべら
れます。今は、もし（成尋が帰国してこちらに）立ち寄りなさったとしても、それまで（私は）生きてはおりますまい

じと、けふにても**失せ**ぬ〔強意・終〕べく**覚え**はべるなり〔断定・終〕。
と、今日にでもきっと**死んで**しまいそうに**思われる**のです。

嘆きわび絶えん〔婉曲・体〕命は**口惜しくつゆ**言ひ置かん〔婉曲・体〕言の葉も**なし**
（再び我が子に会うことはあるまいと）悲しく嘆きながら死んでいくような（我が）命は**残念で**、**少しも**（成尋に）言い残しておくような言葉も**ない**ことです。

と思ふほどに、蟬鳴く。**おどろおどろしき**声ひきかへ、道心起こしたる、「くつくつ
と思っているときに、（庭で）蟬が鳴く。**騒々しい**（真夏の）声と違って、仏道を修めようとする心を起こした、「つ

重要語句

- □としごろ【年頃】長年の間。
- □きんだち【君達】①貴族の子息。女子。②貴君。あなた。
- □おこなふ【行ふ】①仏道修行をする。②実行する。治める。
- □たのもし【頼もし】①頼りに思われる。心強い。②楽しみに思われる。
- □たぐひなし【類無し】並ぶものがない。最も優れている。
- □うす【失す】現世から消える。命をなくす。
- □おぼゆ【覚ゆ】①（自然にそのことが）思われる。②思い出される。③似ている。
- □くちをし【口惜し】①残念だ。②身分がつまらない。物足りない。
- □つゆ…なし 少しも（…ない）。
- □おどろおどろし【驚ろ驚ろし】①大げさだ。②気味が悪い。恐ろしい。

法師」と鳴くも、
くつく法師」と鳴いているのも、(中が)からっぽな脱け殻は梢に残すであろうが、(自分は)それにも劣って、こ

C　むなしき殻こそは梢にはとどめんずらめ、それにも劣りて、こ
　　　　　　　　　　強意（→）　　　　　　　　　　　現推・已（↑）

の身には影だにも見えず。
の身には(成尋の)面影さえも残っていない。
　　　類推

あはれに尽きせぬ涙こぼれ落つるに、人の来て言ふ。「筑紫よりよべ夜やって来たる人
しみじみと尽きることのない涙がこぼれ落ちるときに、人が来て言うには、「筑紫から昨夜やって来た人が、
　　　　サ変動・未　打消・体　　　　　　　　主格

の、『八月二十日のほどに、阿闍梨は唐に渡りたまひなんとて、船に乗るべきやうに
の、『八月二十日過ぎに、阿闍梨は唐にお渡りなさろうとして、乗船の準備をしていらっしゃ
主格　　　　　　　　　　　　　　　　　　　　　　意志・終　　　断定・用

ておはす、と聞きし』と申す」と言へど、文などもあらばこそは、
る、と聞きました』と申します」と言うけれども、(我が子からの)手紙などでもあるならば(ともかく、そうで
断定・用　　　　疑問（→）推量・体（↑）　過去・体　　　　　　　　　　　　強意（→・省）

ないのだから)、本当であろうか、嘘であろうかと思うと、胸が詰まるようになり、
まことに　やあらん、虚言にやあらん、と胸塞がりて、いとどしくあは
　　　　断定・用　疑問（→）推量・体（↑）　　　　　　　　　　　　　　いっそうしみじみと悲

D　れに悲しうて、
しくて、

E　淀みなく涙の川はながるれどおもひぞ胸をやくとこがるる
とどまることなく涙の川は流れているけれども、(成尋を)思う「思ひ」の火は(消えることなく)胸を焼き、思い焦がれるばかりです。

　　　　　　　　　　　　　　　　　　強意（→）　　　　　　　　　下二動・体（↑）

たち別れ聞えし日より、落つる涙の絶え間に、目も霧りて見えぬにも、目さへ見え
(成尋と)お別れ申し上げた日以来、落ちる涙の絶え間に、目も涙でくもって見えないのに、その上目までもが
　　　　過去・体　　　　　　　　　　　　　　　　　　　　打消・体　　　　　添加

□むなし【空し・虚し】①からっぽだ。②むだだ。③はかない。
□かげ【影】①光。②姿。面影。
□やう【様】①形式。②様子。③状態。④理由。⑤方法。
□いとどし　ますますはなはだしい。
□あはれなり　①しみじみと心を動かされる。②しみじみと美しい。しみじみと趣深い。③かわいい。いとしい。④かわいそうだ。
□やくと【役と】①もっぱら。②たいそう。

□ながらふ【長らふ・永らふ・在ふ】①長続きする。②長生きする。
□こころうし【心憂し】①つらい。いやだ。②わずらわしい。③うらめしい。
□わりなし【理なし】①道理に合わな

ずなりて、長らへん命の心憂く、けふにても死なまほしく待つに、いとわりなかりし心地にも、死なずなりにしも、いと心憂く覚ゆ。よその人は、深く世をあはれと思ひたる気色にも、心一つのみわびしくて、わびては、これ

（悪くなり）見えなくなって、生き長らえるような命がつらく、今日にでも死にたいと（死を）待っているのだが、たいそうつらく苦しかった病気にも、死なずじまいになってしまったことが、たいそうなさけなく思われる。世間の人は、この世をたいそうはかないと思っている様子であるにつけても、私の心だけが苦しくつらくて、悲しんでは、

F この世のことにあらじ、前の世に契り置きてこそ仇敵なる子もあんなれ、これは

この苦しみはこの世（だけ）に原因があるのではあるまい、（世の中には）前世からの因縁によって仇敵と思われるような子もあるようだが、私は長年、

G 多くの年ごろ、飽かぬことなくてあらせたまへるかぎりの、ありける月日のかぎりにや、と思ひなせど、心のうちは慰む方なくて、今はただ律師一人あつかひたまふぞ、いとほしく覚ゆる。よろづにつけて恋しく、などて、ただ、いみじき声を出だして泣き惑ひても、控へとどめ聞えずなりにけん、と悔しうぞ。

何の不満足もなくて過ごさせてくださったことにも限度があり、そうした月日の限度であろうか、と思い込もうとするけれども、心の中は慰みようもなくて、今はただ律師一人が（私の）世話をしてくださるのが、気の毒に思われる。何につけても（成尋が）恋しく、どうして、ただひたすら、大声をあげて泣きわめいてでも、（成尋を）お引き止め申し上げなかったのだろうかと、後悔されることだ。

［出典：『成尋阿闍梨母集』二巻　尽きることない悲嘆の涙］

いこと。ひどい。無理やりだ。②どうしようもない。③苦しい。④すばらしい。

□わびし【侘し】①つらく苦しい。②貧しくみすぼらしい。③興ざめだ。

□わぶ【侘ぶ】①思い悩む。②さびしい。③困る。④〜しかねる。

□ちぎりおく【契り置く】互いに約束しておく。

□あく【飽く】①満足する。②飽きていやになる。

□かぎり【限り】①限度。②機会。③人生の終わり。

□なす【為す】（動詞の連用形について）①ことさら〜する。②〜のようにする。

□あつかふ【扱ふ】①世話をする。②もてなす。③用いる。

□いとほし　①気の毒だ。②かわいい。

□などて　①どうして〜か。②どうして〜か、いや〜ない。

□いみじ　①すばらしい。②ひどい。恐ろしい。③並々ではなくたいそうなことだ。

8 日記

龍谷大学 都《みやこ》のつと

作品解説 ■ 南北朝期の歌僧である宗久によって書かれた紀行文。修行のために東国を行脚したときのことを綴る。松尾芭蕉の『奥の細道』に影響を与えた。

別冊（問題）p. 48

解答

問一	問二	問三	問四	問五	問六	問七	問八
②	①	④	②	③	②	③	②
3点	4点	4点	4点	4点	5点	2点	4点

合格点 22／30点

問題文の概要

あらすじ ● 春、上野《こうずけ》の国へ行った筆者に、一夜の宿を貸す人がいた。その家主は筆者の僧形を見て、自分にも出家の願いがあったが叶わなかったことを話す。家主に引きとめられたが、筆者は再訪を約束して旅立った。秋に家主を訪ねると、家主は七日前に亡くなっていた。約束を果たせなかった筆者は後悔すると同時に人の命のはかなさを改めて思い知る。また、白川の関では、能因の歌を思い出し、自らも歌を詠んだ。

内容解説 ● 前半は、旅先で出会った人物との心の交流を描いています。約束を果たせなかった筆者の痛恨の思いと人の命のはかなさが伝わってきます。後半は、歌枕（和歌に詠まれた名所）の白川の関で、旅を愛した能因に思いを馳《は》せ、自らも歌を詠んでいます。

設問解説

問一　適語の補充

ポイントは、季節を象徴する自然の景物です。1行目に「春に成りしかば（春になったので）」とあり、空欄の直後に「梅の花が次第に散って」とあるので、春の後半だと判断できます。よって、**正解は②「三月」**となります。

解答　②

関連メモ　現代との季節感の違い

季節と月

一月・二月・三月…春
四月・五月・六月…夏
七月・八月・九月…秋
十月・十一月・十二月…冬

季節を象徴する植物

春…梅・桜・柳・山吹・藤
夏…卯の花・花橘《はなたちばな》・菖蒲《あやめ》
秋…薄《すすき》・萩《はぎ》・荻《をぎ》・菊・女郎花《をみなへし》

問二　解釈

まずは傍線部①を訳します。

①あらまし／②のみ／にて／今日／まで／過ぐし／③侍り／つる／に

①名 予定。計画。
②副助 限定［～ばかり］
③補動「侍り」の連用形。丁寧［～ございます］

直訳▼計画ばかりで今日まで過ごしましたが

ポイントは「あらまし」の内容です。選択肢を見ると、「計画を立てただけ」の意味になっているのは、①「それを実行しないまま」と②「何の行動もしないで」です。①と②の違いは、計画の内容です。「出家」なのか「旅」なのか。「計画」が何の計画だったのか、本文から根拠を探します。

まず、傍線部①が誰の発言であるかを判断します。第一段落では、筆者は上野の国（＝現在の群馬県）で、一夜の宿を借ります。その宿の主人と話をしている場面です。会話のカッコの前の「世を厭《いと》ひそめける心ざしの程など、細かに問ひ聞きて」は、「世を厭ふ」が「出家をする」という意味ですから「出家をした心境などを細く質問して」となりますが、「問ひ聞きて」の主語はその前にある「家主」です。ということは、**出家しているのは筆者（＝宗久）**だということです。前書きには書いてありませんが宗久は出家していて、僧の姿で旅をしています。

出家して旅をしている宗久に、**家主が出家したときの心境を質問した**ということです。この時点で、家主が話題にしているのは「出家」だと判断して、①を選ぶこともできます。確認のため、傍線部①を含む会話全体の内容を見ます。

「聞きて」に続いていますので、会話は家主のものだとわかります。「われも」と主語が示され、丁寧語の「侍り」がありますから、傍線部①「過ぐし侍り」の主語は「私（＝家主）」となります。傍線部の直前の「背かれぬ身の絆《ほだ》しのみ多くて」の「背く」は「出家する」の意味で、「絆し」は、「人の身の自由を束縛するもの」の意味ですが、「出家を妨げるもの」の意味で用いられます。主に家族などを指します。このことを知っていれば、**家主の「あらまし」は「出家の計画」**だとわかります。

正解は①「出家したいという思いを抱くだけで、それを実行しないまま今日まで過ごしてきたということ。」です。　**解答**　①

問三　解釈

傍線部②が第二段落の最初にありますので、第一段落の最後の内容をまとめます。**問二**で見た内容の後です。家主は「暫《しば》しはここに留まりて、道の疲れをも休めよ」と声をかけてくれます。しかし、それに続いて「末に……契りおきて出でぬ」は、「先に急ぐことがあったので」と家主のせっかくの申し出を筆者が断って、「秋の頃に必ず立ち寄る」との約束をして宿を出た、という内容です。これを踏まえて傍線部②を訳します。

①かの ― ②行方 ― も ― ③おぼつかなく ― て

① **代名** か＋**格助** の　「かの」遠くにあるものを指す。

② **名** 将来。行く先。

③ **形**【覚束無し】はっきりしない。気にかかる。

直訳 ▼ あの行く先も気にかかって

選択肢を見ると「おぼつかなくて」の訳はどれも似た意味になっていますので、「かの行方」の意味が決め手となります。

読解ルール　前書きの主語は、本文初出の主語と一致する！

日記では、「私」の主語は省略されていますが、1行目「越え侍りし」の主語は筆者宗久です。段落が変わってからも筆者の主語が継続していると考えられますので、「おぼつかなくて」の主語は、筆者だと判断できます。よって**遠くにあるものを指す語である「かの」の指し示す内容は「筆者」ではなく「家主」**となります。選択肢②と③は「かの」を「旅人」としていますが、「旅人」は筆者ですから間違いです。筆者が家主に再訪の約束をした時点で「病気だった」という記述はありませんので、①は間違いです。また、傍線部②の直後の、「わざと立ち寄りて訪ひ侍りしかば」は「わざわざ立ち寄って訪ねた」という意味ですから、筆者は、**再訪を約束した家主のことが気になって、わざわざ訪ねた**、ということになります。よって、④「**家主のその後も気にかかったので**」が**正解**です。

解答 ④

問四 解釈

傍線部③「さしもねんごろに頼めしに」を、まずは訳します。ポイントは「頼む」の意味です。

> ①さしも ― ②ねんごろに ― ③頼め ― ④し ― に
>
> ① 副 あんなに。
> ② 形動【懇ろなり】心の込もったさま。
> ③ 動「頼む」期待させる。約束する。(下二段活用の連用形)
> ④ 助動「き」の連体形。過去[〜た]
>
> 直訳 ▼ あんなに心を込めて期待させたのに

よって、**正解は②「あれほど心から約束して期待させていたのに」**です。これは、第一段落の最後で、筆者が家主に再訪を約束したことを指します。下二段活用の「頼む」は「契る」と同義ですから、それもヒントになります。

> 頼む ＜ 四段→期待する / 下二段→期待させる(＝約束する)

筆者が約束を果たそうと家主を訪ねると、なんと家主は七日前に亡くなっていました。相手が亡くなってしまったら約束は果たせません。ですから、筆者は「なぜもう少し早く来なかったのか、あれほど約束したのに」と後悔しています。「空頼《そらだの》め」とは「あてにならない期待をさせること」で、動詞「頼む」の連用形が名詞化したものです。「いかに空頼めと思はれけむ」には、約束を果たせず家主を失望させてしまったことへの後悔の気持ちがよく表れています。

解答 ②

問五 解釈

傍線部④「今はの時までも申し出でし物を」は、家主の死を知った筆者が家族に最期の様子を尋ねた、それに対する家族の返事の中にある言葉です。よって、「申し出で」の主語は家主です。それを踏まえて訳します。ポイントは「今は」の意味です。

> ①今は ― の ― 時 ― まで ― も ― ②申し出で ― ③し ― ④物を
>
> ① 名 臨終。最期。
> ② 動 口に出して申し上げる。「言ひ出づ」の謙譲語
> ③ 助動「き」の連体形。過去[〜た]
> ④ 終助 〜のになあ。
>
> 直訳 ▼ 臨終の時まで口に出して申していたのになあ

「今は」という語は現代語でも使いますが、もしこれを知らないとしても、直前に「終《つひ》」という言葉もありますし、家主が一週間前に亡くなったという状況から選択肢を絞ることができます。①と②は「今の今まで」となっていますが、家主は一週間前に亡くなっていますので、不適です。よって、③と④が残ります。③と④の決定的な違いは、③は、「今はの時まで」を**副詞的に捉えている**のに対して、④は「今はの時まで」を「申し出で」の**内容として捉えている**ということです。傍線部④は家主の死ぬ間際の様子を表していますから、④の「あらかじめ」は文脈に合いませんし、「今はの時まで」を家主の発言の内容と考えることもできません。「臨終のときがいつかまであらかじめ申していた」では、家主の死ぬ時期があらかじめわかっていてそれを伝えていた、ということで、この文章の根底にある「無常迅速」（人の死はいつ突然やってくるかわからない）の考えに合致しません。よって、③「**臨終のときまでもあなたのことを申していましたのに」が正解**です。

家主は臨終の間際まで、筆者との再会を待ち望んでいたということです。人の命のはかなさを感じる、なんとも悲しい話です。第二段落最後の**「無常迅速」は、人の命のはかなさを表す重要語句**です。

解答 ③

問六 **内容説明**

第四段落の「かの能因が」以下に歌の詠まれた事情が書かれていますので、そこをまとめます。「東へ下りたる由にて暫し籠《こも》り居て、この国にて詠みけると披露しける」とありますが、ポイントは「由」の意味です。「由」には「理由・由緒・手段・風流・ふり」などたくさんの意味がありますので、文脈から意味を判断します。

読解ルール **接続助詞「て」はその前後の内容が一致する！**

「東に下りたる由に」＝「暫し籠り居て」ということです。「こもっていた」ということはどこにも行っていないわけですから、「東に下りたる」は嘘だということです。嘘だということは、下った「ふり」をしたのだと判断できます。また、19行目「その境に至らで」は、「その場所に行かないで」の意味です。選択肢の中で「行っていない」という内容になっているのは、②「白川に行ったふりをして」しかありません。**能因は白川の関まで実際には行かないで、白川の関へ行って詠んだ歌と偽って披露したということです。行ったふりをしてしばらく家にこもっていて、**そして20行目「一度はうるはしく下りけるにや」は、能因の書いた「八十嶋《やそしま》の記」を根拠に、「一度は実際に行ったのかもしれない」と思っているということです。よって、②

「白川に行ったふりをして詠んだそうだが、本当に行ったと思われるふしもある。」が正解となります。このエピソードは、さまざまな作品で取り上げられている有名な話です。能因は自分の歌の評価を上げるために、日焼けまでして白川へ行ったふりをして、この歌を実際に白川を目にして詠んだ実感がこもっている歌にしたかったのです。

「都をば」の歌も入試頻出ですから、解説をしておきます。「霞」は春を象徴するものですから、この歌は、春、都を出発した能因が白川の関に着く頃には秋になってしまっていた、という内容です。都から白川の関までの旅の長さを季節の変化によって表しています。「たつ」は「都を出発する」の意味の「発つ」と「霞が立ちのぼる」の意味の「立つ」の掛詞となっています。

解答 ②

問七　文法（「らむ」の識別）

●「らむ」の識別●

u音＋「らむ」→現在推量の助動詞「らむ」

e音＋「ら」＋「む」→完了・存続の助動詞「り」の未然形＋推量の助動詞

このように「らむ」は直前の音によって判断できます。「詠め」の「め」がe音ですから、**正解は③**となります。

ちなみに「詠め」の読み方はわかりますか。「よむ」とも「ながむ」とも読めます。「よむ」の場合は四段活用動詞、「ながむ」の場合は下二段活用動詞です。完了・存続の助動詞「り」は、四段活用動詞とサ変動詞にしか接続しませんので、「詠め」は「よめ」と読むことがわかります。

解答 ③

問八　文学史

① **柿本人麻呂**《かきのもとのひとまろ》…『万葉集《まんようしゅう》』の代表的歌人。
② **紫式部**《むらさきしきぶ》…平安中期の女流作家。『源氏物語《げんじものがたり》』の作者。
③ **藤原定家**《ふじわらのていか》…鎌倉前期の歌人。『新古今和歌集《しんこきんわかしゅう》』の撰者。
④ **上田秋成**《うえだあきなり》…江戸時代中後期の読本《よみほん》作家。歌人。『雨月物語《うげつものがたり》』の作者。

よって、**正解は②**となります。

解答 ②

現代語訳

春に成りしかば、上野の国へ越え侍りしに、思はざるに、一夜の宿を貸す人あり。

春になったので、上野の国〔＝群馬県〕へ越えて行きましたところ、思いがけず、一夜の宿を貸してくれる人があった。

三月の初めの程なりしに、軒端の梅のやうやう散り過ぎたる木の間に霞める月の影も雅びかなる心地して、所の様も、松の柱、竹編める垣し渡して、ゐなかびたる、さる方に住みなしたるも**由あり**て見えしに、家主**出であひ**て、**心ある**様に旅の愁へを**とぶらひ**つつ、**世を厭ひ**そめける**心ざし**の程など、細かに問ひ聞きて、「われも**常なき世**のあり様を思ひ知らぬにはあらねども、**背かれ**ぬ身の**絆し**のみ多くてかかづらひ侍る程に、①**あらまし**のみにて今日まで過ぐし侍りつるに、今夜の**物語**になむ、**捨て**かねける心の**怠り**も今更**驚か**れて」など言ひて、「暫しはここに留ま

三月の初めのころだったので、軒端の梅がしだいに散り終わっている木の間に霞んでいる月の光も風流な気持ちがして、所の様子も、松の木で作った（粗末な）柱や、竹を編んで作った垣をめぐらしていて、田舎びている、そういう（田舎びた）ように住んでいるのも**風情がある**ように見えたが、家の主人が**顔を合わせ**て、**情趣を解する**様子で旅のつらさの**見舞いを述べ**ながら、（私が）**出家する**に至った**心境**などを、細かく尋ね聞いて、「私も**無常の世**の有様を思い知らないではないけれども、**出家する**ことができない**束縛**ばかり多くて**世を捨てかね**ておりますうちに、（出家をする）**計画**ばかりで今日まで過ごしてきましたが、今夜の（あなたの）お**話**で、**（世を）捨て**かねていた**怠慢な**気持ちも今更ながら**気づか**ずにはいられません」などと言って、「しばらくここに留まって、

重要語句

□よしあり【由あり】①由緒がある。②情緒がある。

□いであふ【出で逢ふ】①対面する。②でくわす。

□こころあり【心有り】①情緒を解する。②思慮分別がある。

□とぶらふ
【訪ふ】①訪問する。②見舞う。
【弔ふ】弔問する。

□よをいとふ【世を厭ふ】世俗を捨てる。出家する。

□こころざし【心ざし・志】①本意。意向。②誠意。愛情。③お礼の贈り物。

□つねなきよ【常なき世】無常の世。

□そむく【背く】①背を向ける。さからう。②別れる。③世俗を捨てる。出家する。

□ほだし【絆し】人の身の自由を束縛するもの。

りて、道の疲れをも休めよ」と語らひしかど、末に急ぐ事ありし程に、秋の頃必ず立ち帰るべき由、契りおきて出でぬ。

旅の疲れをも休めてください」と説得したけれども、先に急ぐことがあったので、秋の頃必ず立ち戻るつもりであることを、約束して旅立った。

その秋八月ばかりに、②かの行方もおぼつかなくて、わざと立ち寄りて訪ひ侍りしかば、その人は亡くなりて、今日七日の法事行ふ由答へしに、あへなさも言ふ限りなき心地して、などか今少し急ぎて訪ねざりけむ、③さしもねんごろに頼めしに、偽りのある世ながらも、いかに空頼めと思はれけむと、心憂くぞ侍りし。

その秋の八月ころに、あの家主のその後も気にかかるので、わざわざ立ち寄って訪ねましたところ、その人は亡くなって、今日初七日の法事をとり行うということを（家族が）答えたので、（人の命の）はかなさも言っても言い尽くせない気持ちがして、どうしてもう少し早く訪ねなかったのだろう、あれほど心から約束して期待させていたのに、（人の言葉は）偽りのある世ではあるが、どんなにあてにならない期待をさせたことだと思われただろうかと、つろうございました。

さて終の有様など尋ね聞きしかば、「④今はの時までも申し出でし物を」とて、跡の人々泣きあへり。有待の身、初めて驚くべきにはあらねども、無常迅速なる程も、今更思ひ知られ侍りし。

そして臨終の様子などを（遺族に）尋ねて聞いたところ、「最期の時までも（あなたのことを）申していましたのに」と言って、後に残された人々はみな泣いている。人の身として、初めて驚くようなことではないけれども、死が突然襲うものであるということも、今更ながら思い知られました。

□かかづらふ ①関係する。②つきまとう。③生きながらえる。④世を捨てかねる。

□あらまし ①計画。予定。②大体のこと。

□ものがたり【物語】①話をすること。②物語。

□すつ【捨つ・棄つ】①捨てる。②出家する。

□おこたり【怠り】①怠けること。②失敗。③わびること。

□おどろく【驚く】①目を覚ます。②はっと気がつく。

□かたらふ【語らふ】①話を交わす。②親しく交際する（特に男女が）。③説得して仲間に引き入れる。

□よし【由】①風情。②由緒。理由。③手立て。方法。④〜ということ。趣旨。

□ちぎりおく【契り置く】互いに約束しておく。

□おぼつかなし ①はっきりしない。②気がかりで不安だ。③待ち遠しい。

（中略）

いとど塵の世もあぢきなく覚えて、ありか定めず迷ひありきし（過去・体）程に、室の八島なども過ぎて、身にしみ侍りき。

いっそう汚れの多いこの世もつまらなく思われて、住み処を定めずさまよい歩いたうちに、（下野国の）室の八島なども過ぎて、身にしみました。

春より都を出で侍りし（過去・体）に、またこの秋の末にこの関を越え侍りしかば、古曾部の沙弥能因が（主格）、「⑤都をば霞とともに立ちしかど秋風ぞ（強意(↓)）吹く（四動・体(↑)）白川の関」と詠じけるはまことなり（断定・用）けりと、　思ひ合はせられ侍り。

春から都を旅立ちましたが、またこの秋の末にこの（白河の）関を越えましたので、（摂津国の）古曾部の沙弥能因が、「都を春の霞とともに旅立ったが、（いつのまにか）秋風が吹く（季節になった）ことだ。この白河の関は」と詠んだのは本当のことだったのだなあと、自然と思い合わせられました。

かの能因が（主格）、この歌のために、なほその境に至らで⑥詠めらむ（婉曲・体）は無念なりとて、東へ下りたる由にて暫し籠り居て、この国にて詠みけると披露しけるとかや（疑問(↓省)）。

あの能因が、この歌を詠むために、やはりその場所に行かないで詠むようなことは残念だと言って、東国へ下ったことにして暫く籠もっていて、この（陸奥の）国（の白河）で詠んだ歌だとして、披露したとかいうことだ。

一度はうるはしく下りけるにや（断定・用　疑問(↓省)）、「八十嶋の記」などいふ物、書きおきて侍り。竹田大夫国行が水鬢掻きけむまでこそ（強意(↓)）なく

一度は本当に（陸奥に）下ったのだろうか、（能因は）『八十嶋の記』などという紀行文を、書き残しています。竹田大夫国行が水でこめかみの辺りの髪のほつれを掻き撫でた

□わざと　①わざわざ。特に。②本格的に。

□あへなし【敢へ無し】①張り合いがない。②どうしようもない。

□いふかぎりなし【言ふ限りなし】言葉では言い尽くせない。

□さしも　①あんなに。あれほど。②そのようにも。どうも。

□ねんごろなり【懇ろなり】①心をこめて丁寧である。②親密だ。③正直だ。

□たのむ【頼む】
四段 ①信頼して頼りにする。②約束する。
下二 頼りにさせる。あてにさせる。

□そらだのめ【空頼め】あてにならないことを頼りにする、またはさせること。

□こころうし【心憂し】①つらい。いやだ。②わずらわしい。③うらめしい。

□つひ【終】終わり。最後。死。

□いまは【今は】臨終。死に際。

□むじゃうじんそく【無常迅速】人の

（↑流）
とも、　この所をばいささか**心化粧**しても過ぐべかりけるを、さも侍ら
とかいうことまではなくても、この所を少々**改まった気持ち**ででも過ぎ行くべきであったが、そうしません

過去・体　強意(↓)　断定・用　過去・已(↑)
ざりしこそ**心後れ**に侍りしか。
でしたことは**気のきかない**ことでありました。

疑問(↓)　現推・体(↑)
都にも今や吹くらむ秋風の身にしみわたる白川の関
都にも今は（秋風が）吹いているだろうか。秋風が身にしみ渡る白河の関であることよ。

〔出典：『中世日記紀行集』都のつと〕

一生の短さとはかなさ。
□いとど　いっそう。ますます。
□ちりのよ【塵の世】浮き世。俗世間。
□あぢきなし【味気無し】①道理に外れている。②甲斐がない。③おもしろくない。
□ありく【歩く】①動き回る。②〜して回る。〜し続ける。
□うるはし【美し・麗し】①整っている。きちんとしている。②立派だ。整って美しい。
□こころげさう【心化粧】自分自身の言動に気を配ること。
□こころおくれ【心後れ】①心の働きが劣っていること。②ひるむこと。

東洋大学 方丈記《ほうじょうき》

作品解説 ■ 一二一二年に、鴨長明《かものちょうめい》によって書かれた随筆。人生の無常と俗世を離れた日野山での閑居の生活を、格調高い和漢混淆文《わかんこんこうぶん》で記す。『徒然草』とともに中世を代表する随筆。鴨長明は他に仏教説話『発心集』、歌論『無名抄』も書いている。

別冊（問題） p. 54

解答

問一	
	5

2点

問二	
ア	4
イ	3
ウ	1
エ	5

2点×4

問三			
A	3	D	2
B	3	E	4
C	4	F	3

2点×6

問四
1

3点

問五	
1	2
2	1
3	2
4	1
5	2

1点×5

合格点 25／30点

問題文の概要

あらすじ ● 元暦二年、大地震が起きた。山は崩れ、津波が押し寄せ、地割れが起きて水が涌き出した。建物はすべて壊れ、家の中も外も危険で逃げることもできない。ある武士の幼い子は、遊んでいる最中に亡くなった。激しい揺れが収まった後も、三か月ほど余震が続いた。地震が起きた頃は無常を感じていた人たちも、年月が経過すると、地震があったことさえ口にしなくなってしまった。

内容解説 ● 大地震の起きた直後の様子を生々しく描き、地震によって失われた命を悲しむ人への同情を示しますが、最後は、地震が起きた当座は無常を感じながら、年月が経つとすっかり元に戻ってしまう人の心理を、筆者は冷静な目で捉えています。

設問解説

問一 文法（動詞の活用の種類）

傍線部Ⅰ「埋《うづ》み」の活用語尾「み」はマ行ですから、それだけで選択肢5と6に絞れます。**活用語尾が活用の行を決めます**ので、これを知っていれば簡単です。選択肢がなかった場合の解説をします。

「うづむ」には四段活用と下二段活用の二種類の活用の種類があります。二つの活用を表にします。

▼四段活用

基本形	語幹	未然形	連用形	終止形	連体形	已然形	命令形
うづむ	うづ	ま（a）	み（i）	む（u）	む（u）	め（e）	め（e）

▼下二段活用

基本形	語幹	未然形	連用形	終止形	連体形	已然形	命令形
うづむ	うづ	め（e）	め（e）	む（u）	むる（uる）	むれ（uれ）	めよ（eよ）

「埋み」の活用語尾「み」は「i音」です。「i音」は四段活用にしかありませんから、「埋み」は**マ行四段活用**となります。

傍線部Ⅱ「をれ」は**ラ行変格活用動詞**「をり」の已然形です。「あり・をり・はべり・いますがり」は暗記すべきラ変動詞です。

この時点で正解を出すことができます。**正解は5**です。

傍線部Ⅲ「出づれ」の終止形「出（い）づ」に打消の助動詞「ず」を接続させると、「出でず」となり、活用語尾「で」はe音なので、「出づ」は**ダ行下二段活用**となります。

解答 5

問二 文法（識別）

二重傍線部**ア** まずは「なむ」の識別を確認しましょう。

●「なむ（なん）」の識別●

1 **未然形**＋「なむ」→**願望**の終助詞［〜してほしい］
2 **連用形**＋「な」＋「む」
→**完了（強意）**の助動詞「ぬ」の未然形
＋**推量**の助動詞「む」
3 **名詞など**＋「なむ」→**強意**の係助詞
＊文末は連体形になる。
＊「なむ」がなくても文意は通じる。
4 **ナ変動詞**の未然形語尾「―な」
＋**推量・意志**の助動詞「む」
例 死なむ 訳 死ぬだろう

二重傍線部**ア**の直前にある「ひしげ」は下二段活用の動詞です。「ひしげ」が未然形なのか連用形なのかわかりませんから、

「なむ」を見ただけで判断できません。そういう場合は訳してみて、文脈に合致するほうを選びます。ここは、大地震が起きて、家が押し潰されそうになっている場面です。「なむ」を終助詞とすると訳は「押し潰れてほしい」となりますが、家が潰れてほしいと願う人はいませんから、「なむ」は完了の助動詞「ぬ」の未然形＋推量の助動詞「む」だと判断できます。

また、「なむ」の下の「とす」は、格助詞「と」＋サ変動詞「す」で、「なむとす」の形で、推量・意志の意味を表し、またこれから起ころうとしていることがらの可能性を推量する意味も表します。この知識からも「なむ」を完了の助動詞＋推量の助動詞だと判断できます。そして、最後に、「ひしげ」の活用形は連用形だったとわかるのです。

選択肢を見ます。

1…ナ変動詞「往ぬ」の未然形活用語尾＋推量の助動詞「む」。

2…係助詞「なむ」で、文末の「まかる」が連体形で係り結び。

3…「参ら」が未然形なので、「なむ」は終助詞。

4…「侍り」が連用形なので、完了の助動詞「な」＋推量の助動詞「む」。

5…係助詞「なむ」で、文末の「ける」が連体形で係り結び。

よって、**正解は4**です。

二重傍線部イ

●格助詞「の」の用法●

1 **主格（〜が）**
例 波の下にも都のさぶらふぞ。
訳 波の下にも都がございますよ。

2 **同格（〜で）**
例 いと清げなる僧の、黄なる袈裟着たるが来て、
訳 たいそう美しい僧で、黄色い袈裟を着ている僧が来て、

3 **連体格（〜の）**
例 諸行無常のひびきあり。
訳 諸行無常のひびきがある。

4 **連用格（比喩）（〜のように）**
例 白雲のこなたかなたに立ち分かれ
訳 白雲のようにあちらこちらに分かれ

5 **準体格（〜のもの）**
例 四条大納言のはめでたく、
訳 四条大納言のもの（＝歌）はすばらしく、

「ひとり子の」に続いて、「六つ七つばかりに侍りしが、……作りて」とあり、「侍りし」の下に「子」を補うことができます。「一人っ子で、六、七歳でございました子が、……作って」と訳すことができます。よって、「の」は同格です。

選択肢を見ます。

1…下の名詞（体言）にかかっていきますから「**〜の**」と訳し、連体格。

2…**下に「歌」などの名詞を補う**ことができますから、準体格。

3…「侍りし」の下に「人」を補って「〜で」と訳しますから、同格。

4…「よき人」が主語で「**〜が**」と訳すことができますから、主格。

5…「葦鴨《あしがも》の**ように**」と訳せますから、連用格（比喩）。

よって、**正解は3**です。

二重傍線部ウ

●「に」の識別●

1　**体言・連体形＋「に」** 訳 **〜に** → **格助詞**

2　**連体形＋「に」** 訳 **〜ので・〜と・〜のに** → **接続助詞**

3　**［体言／連体形］＋「に」＋「あり」** 訳 **〜である** → **断定の助動詞「なり」の連用形**

4　**連用形＋「に」＋［「けり」（過去の助動詞）／「き」］** 訳 **〜た** → **完了の助動詞「ぬ」の連用形**

5　**「―に」で一語で、活用する語** → **形容動詞の連用形の活用語尾**

6　**「―に」で一語で、活用しない語** → **副詞の一部**

「止み」が四段活用動詞「止む」の連用形で、「に」の下の「しか」は過去の助動詞「き」の已然形です。連用形＋「に」＋「き」の形をとりますから、「に」は完了の助動詞の連用形です。

選択肢を見ます。

1…「なり」が四段活用動詞「なる」の連用形で、連用形＋「に」＋「き」の形なので、完了の助動詞。

2…形容動詞「あはれなり」の連用形「あはれに」の活用語尾。

3…下に名詞「鳥」があるので、打消の助動詞「ず」の連体形。

4…打消の助動詞「ず」の未然形。「なくに」の形で用いる。

5…形容動詞「いかなり」の連用形「いかに」の活用語尾。

よって、**正解は1**です。本番では正解が出た時点で残りの選択肢を検討する必要はありません。

二重傍線部エ「間遠に」は隔たりのあるさまを表す形容動詞「間遠《まどほ》なり」の連用形ですから、「に」はその活用語尾です。選択肢を見ます。

1…「〜ので」と訳すことができるので、接続助詞。

2…下の「けらし」は「けるらし」の変化したもので、連用形＋「に」＋「けり」の形をとるので、完了の助動詞「ぬ」の連用形。

3…連体形＋「に」の形をとり、「にや」の下の「あらむ」は「〜であろう」と訳すことができるので、断定の助動詞「なり」の連用形。

4…名詞の下につき、「〜に」と訳すことができるので、格助詞。

5…形容動詞「いたづらなり」の連用形の活用語尾。

よって、**正解は5**です。　**解答**　ア **4**　イ **3**　ウ **1**　エ **5**

問三　解釈

傍線部A「堂舎塔廟」は、すべての選択肢が「神社や寺院の建物」としていますので、「一つとして全からず」を訳します。

> 一つ ― と ― して ― 全から① ― ず②
>
> ① 形「全し」完全である。
>
> ② 助動「ず」の終止形。打消［〜ない］

> **直訳** ▼ 一つとして完全でない

「完全でない」の訳になっている、**3が正解**です。

傍線部B「ただ地震《なゐ》なりけりとこそ覚え侍りしか」の部分の訳は、選択肢**4**以外はよく似た表現になっていますので、「地震なりけり」を訳します。

> 地震 ― なり① ― けり②
>
> ① 助動「なり」の連用形。断定［〜である］
>
> ② 助動「けり」の終止形。詠嘆［〜なあ］
>
> **直訳** ▼ 地震であるなあ

よって、**正解は3「なんと言っても地震であるよと思われました」**です。

傍線部C「はかなげなり」は「弱々しそうだ。たいしたことではないさま」の意味ですが、「あどなし」を「たわいもない」の意味だと知っている人はまずいないでしょうから、本文から答えの根拠を探します。傍線部**C**は、六、七歳の子が小さな家を作って、「はかなげなるあどなし事」をして遊んでいた、という状況ですから、選択肢の中で「はかなげ」の意味と合わせて**幼い子どもの遊びの文脈に合致**する、**4「つまらないたわいのない遊び」が正解**です。ある武士の子が遊んでいる最中に地震に襲われて亡くなってしまうという、痛ましい場面です。

傍線部D

①いとほしく—②ことわり—かな

①形「いとほし」気の毒だ。いとしい。
②名【理】道理。理論。
形動【理なり】もっともである。言うまでもない。

ここは、地震で家が押しつぶされて**幼い子が死んでしまったことを両親が悲しんでいるという状況**に対する作者の気持ちを表していますので、「いとほし」は「いとしい」ではなく「気の毒」と取ることができます。よって、**2「気の毒で無理もないことだなあ」が正解**です。

傍線部E

その—①なごり、—三月—ばかり—②や—侍り—③けむ

①名 余韻。別れた後の面影。
②係助 疑問［～か］
③助動「けむ」の連体形。過去推量［～ただろう］（係り結び）

ここは、地震の大きな揺れは収まって、二十日も過ぎると揺れはだんだん間遠になっていくという状況なので、「なごり」は「余震」の意味です。「翌年」を表す言葉がありませんので、「三月」は「三か月」の意味、と取ることができます。よって、**正解は4「その余震は、三か月ぐらいも続いておりましたでしょうか」**です。

傍線部F

①すなはち—は、—人—皆—②あぢきなき—事—を—述べ—て

①副 すぐに。
接 そこで。その時に。
②形「あぢきなし」道理にはずれ、正常でない。無益だ。おもしろくない。

「すなはち」も「あぢきなし」も多義語ですから、選択肢を絞ることはできませんので、本文から根拠を探します。

ここは、大地震に対する人々の反応について述べています。前半と後半の間に逆接の接続助詞「ど」がありますので、「すなはちは」と「年経にし後」は対比関係にあるとわかります。

読解ルール　「ど」「ども」の前後は対比的な内容である！

すなはちは……人皆あぢきなき事を述べて（＋）〔言い換え〕
（対比）いささか心の濁りもうすらぐと見えしかど（＋）〔対比〕
年経にし後……ことばにかけて言ひ出づる人だになし（－）

「すなはちは」を「年経にし後」と対比の関係に捉えているのは、「当座は」ですから、選択肢**3**と**4**に絞ることができます。**3**と**4**の違いは、「あじきなき事」の意味です。

読解ルール　接続助詞「て」は前後の内容が一致する！

傍線部の最後に接続助詞「て」がありますので、その直後の「いささか心の濁りもうすらぐ」と傍線部は同じ内容になるはずです。「心の濁りが薄らぐ」はプラスの評価だと捉えることができます。**4**の「思い遣りのないことを言い合って」はプラスの評価とは言えませんので不適です。また、「あぢきなき」の訳として「思い遣りのない」よりも「この世がはかない」の方が、無理がありません。よって、**正解は3「当座は、人々は皆この世がはかないことを語り合って」**となります。

「この世がはかないことを語り合って」が、どうして「心の濁りが薄らぐ」ことであり、プラスの評価なのかわかりますか。これは仏教の教えと関係があります。「この世のはかなさ」は一言で言うと「無常」です。仏教では、「この世の無常を悟ることで煩悩を断ち切り、出家することができる」という考え方をします。「心の濁り」は仏教用語の「煩悩」をやわらげた言葉です。「この世の無常を語ること」は、「煩悩が消え出家すること」につながりますから、プラスの評価をされるということです。「ことばにかけて言ひ出づる人だになし」は、「大地震のことを口にする人さえいなかった」の意味ですが、副助詞「だに」の用法によって、「まして出家する人はいなかった」という内容を類推できます。

出家することがプラスですから、これはマイナスということです。

大地震が起きて、無常を語り合って煩悩が薄らいだように見えた人々が、年月が経って元の木阿弥になってしまったと、筆者は捉えているのです。

解答

A 3　B 3　C 4　D 2　E 4　F 3

問四 心情説明

まずは、波線部**X**を訳します。

羽｜①なけれ｜②ば、｜空｜を｜も｜飛ぶ｜③べから｜ず。｜竜｜④なら｜⑤ば｜⑥や、｜雲｜に｜も｜乗ら｜⑦む

① 形【無し】ない。（已然形）
② 接助 已然形＋「ば」 確定条件［～ので］
③ 助動「べし」の未然形。可能［～ことができる］
④ 助動「なり」の未然形。断定［～である］
⑤ 接助 未然形＋「ば」 仮定条件［～ならば］
⑥ 係助 疑問［～か］
⑦ 助動「む」の終止形。意志［～しよう］

直訳▼羽がないので、空を飛ぶこともできない。もし竜であれば、雲にも乗るだろうか

ここは、地震で家が壊れそうになり、走って逃げようとすると地面が裂ける、という状況ですから、**「空を飛ぶ」という行為や、「雲に乗る」という行為は「逃げる」という意味**になります。選択肢の中で「逃げる」と訳しているのは**1**だけですから、**1「地上には逃げ場がないので、大空にのぼりたいという気持ち。」が正解**となります。

「ならばや」の「ばや」は、文中にあるので願望の終助詞ではありません。「ばや」を終助詞とすると「竜でありたいなあ」の訳になります。願望表現と仮定条件は同じような意味を持ちますので、結果として「大空にのぼりたい」という正解に近い意味になりましたが、「ばや」の識別はマスターしておいてください。

解答 1

●「ばや」の識別●

1 **終助詞「ばや」＝文末にある**
未然形＋「ばや」→「～したいなあ」
例 五月来《さつきこ》ば声もふりなむほととぎすまだしきほどの声を聞かばや
訳 五月になったらほととぎすの声も鳴き古したものになってしまうだろう。早い時期の声を聞きたいものだ

2 **接続助詞「ば」＋係助詞「や」＝文中にある**
未然形＋「ば」＋「や」→「～ならば～か」
例 秋の夜の千夜を一夜になずらへて八千夜し寝ばやあく時のあらむ
訳 秋の長い夜の千夜を一夜にふりあてて寝たとしたら、満足する時があるだろうか

3 **接続助詞「ば」＋係助詞「や」＝文中にある**
已然形＋「ば」＋「や」→「～ので～か」

例 久方の月の桂も秋はなほ紅葉すればや照りまさるらむ

訳 月に生えている桂の木も秋はやはり紅葉するからそれが照りはえるために月を明るく照らすのだろうか

問五　内容判定

選択肢の内容の該当箇所を探して、本文の記述と矛盾がないか照らし合わせます。

1　大地震の描写は巧妙な対句法によって表現されているが、リアリティーに乏しい文章になっている。
↓2行目「山は…海は…」「土裂けて…巌割れて…」などがある。
↓10行目「二つの目など、一寸ばかりうち出だされたる」などはリアルそのもの。

2　大地震によって六歳か七歳の武士の子が、無残にも命を失う時の様子が描写されている。
↓矛盾がない。

3　大地震の余震は翌年三月までも続き、その間都の人々は不安な日々を送らなければならなかった。
↓問三Eで見たように、余震は「三か月ぐらい」続いた。

4　大地震は余震も三か月ほどで収まり、その後都の人々は年月の経過とともに地震のことを忘れた。
↓矛盾がない。

5　大地震とは言え、斉衡年間の地震よりは小規模で、むしろ水害、火事、大風の方が恐ろしかった。
↓17行目「なほこのたびにはしかず」（やはり今回の地震には及ばない）とあり、奈良時代の地震よりも甚大だったとわかる。
↓6行目「恐れの中に恐るべかりけるは、ただ地震なりけり（恐ろしいものの中でも恐れなければならなかったのは、なんといっても地震であるよ）」とある。

よって、**正解は、1＝2　2＝1　3＝2　4＝1　5＝2、となります。**

解答　1 2　2 1　3 2　4 1　5 2

現代語訳

また同じころかとよ、おびただしく大地震震ること侍りき。
また同じころだろうか、ひどく大きな地震で揺れることがありました。

そのさま、よのつねならず。山はくづれて河を埋み、海は傾きて陸地をひたせり。
その様子は、並みひと通りではない。山は崩れて河を埋め、海は津波で傾いて陸地を浸した。

土裂けて水涌き出で、巌割れて谷にまろび入る。なぎさ漕ぐ船は波にただよひ、道行く馬は足の立ちどをまどはす。
地面が裂けて水が涌き出し、大きな岩が割れて谷に転がり込む。渚を漕ぎ急ぎ進む船は波に漂い、道を行く馬は足の踏み場が定まらない。

都のほとりには、在々所々、堂舎塔廟、一つとして全からず。或はくづれ、或はたふれぬ。塵灰たちのぼりて、盛りなる煙の如し。
都のあたりでは、至る所の神社や寺院の建物は、どれ一つとして完全な形で残っていない。あるものは崩れ、あるものは倒れてしまった。塵や灰が立ち上って、さかんな煙のようである。

地の動き、家のやぶるる音、雷にことならず。家の内にをれば、忽にひしげなむとす。
地面が動き、家が壊れる音は、雷と同じである。家の中にいると、あっという間に押しつぶれそうだ。

走り出づれば、地割れ裂く。羽なければ、空をも飛ぶべからず。竜ならばや、雲にも乗らむ。
走り出ると、地面が割れ裂ける。羽がないので、空を飛ぶこともできない。竜であったら、雲にも乗るだろう（しかし、竜ではないから雲に乗ることもできない）。

恐れの中に恐るべかりけるは、ただ地
恐ろしいものの中でも恐れなければならなかったものは、なんといっ

重要語句

□おびただし【夥し】①騒ぎが大きい。②数が多い。③程度がはなはだしい。
□よのつねならず【世の常ならず】ふつうではない。ありきたりではない。
□まろぶ【転ぶ】転がる。倒れる。
□まどはす【惑はす】①方角などをわからなくさせる。②心を動揺させる。
□まったし【全し】①完全である。②安全である。

9

震なりけりとこそ覚え侍りしか。
（なり：断定・用　こそ：強意(↓)　しか：過去・已(↑)）
ても地震であるよと思われました。

その中に、或る武者のひとり子イの、六つ七つばかりに侍りしが、築地のおほひの
（の：同格　し：過去・体　が：主格）
その中で、ある武士の一人っ子で、六つ七つぐらいでありました子が、土塀の屋根の下に小屋

下に小家を作りて、Cはかなげなるあどなし事をして遊び侍りしが、俄にくづれ、埋め
（し：過去・体）
を作って、**つまらない**たわいのない遊びをして遊んでいましたが、急に崩れ、埋められて、跡

られて、跡形なく、平にうちひさがれて、二つの目など、一寸ばかりうち出だされた
（れ：受身・用　れ：受身・用）
形なく、ぺしゃんこにつぶされて、両方の目などは、一寸ほど飛び出してしまったのを、

るを、父母かかへて、声を惜しまず悲しみあひて侍りしこそ、あはれに悲しく見侍り
（し：過去・体　こそ：強意(↓)）
父母が抱きかかえて、あらん限りの声を上げて悲しみあっていましたのは、**しみじみ**悲しいと見ました。

しか。子の悲しみには猛きものも恥を忘れけりと覚えて、Dいとほしくことわりかな
（しか：過去・已(↑)）
子ども（を失ったこと）の悲しみには**勇猛な**者も恥を忘れるのだなあと思われて、**気の毒で無理もない**ことだなあと

とぞ見侍りし。
（ぞ：強意(↓)　し：過去・体(↑)）
見ました。

かく、おびただしく震ることは、しばしにて止みウにしかども、そのなごり、しば
（に：完了・用）
このように、ひどく揺れることは、しばらくで止んだけれども、その**余震**が、しばらくは絶

しは絶えず。世の常驚くほどの地震、二三十度震らぬ日はなし。十日、二十日過ぎに
（ぬ：打消・体　に：完了・用）
えない。平生ならびっくりするくらいの地震が、二、三十回揺れない日はない。十日、二十日過ぎたので、

□はかなげなり【果無げなり】①頼りないさま。②ちょっとしたさま。つまらないさま。

□あはれなり ①しみじみと心動かされる。②しみじみと美しい。しみじみと趣深い。③かわいい。いとしい。④かわいそうだ。

□たけし【猛し】①力が強い。②気が強い。勇ましい。

□いとほし ①気の毒だ。②かわいい。

□ことわり【理】道理。理屈。

□なごり【名残】①余韻。②面影。なごり。

しかば、**やうやう**間遠エになりて、或は四五度、二三度、もしは一日まぜ、二三日に
だんだんと間隔もあいて、ある時は一日に四、五回、二、三回、もしくは一日おき、二、三日に一回など、
一度など、おほかた、Eそのなごり、三月ばかりや侍りけむ。
だいたい、その余震は三か月くらいも続いたでしょうか。
疑問（↓）　過推・体（↑）
四大種の中に、水、火、風は常に害をなせど、大地にいたりては、ことなる変をな
地・水・火・風の四つの中で、水、火、風は常に害をなすが、大地に至っては、特別な異変を起こさない。
さず。昔、斉衡のころとか、大地震震りて、東大寺の仏の御首落ちなど、**いみじき**事
昔、斉衡のころであったか、大地震があって、東大寺の大仏の御頭が落ちるなど、**ひどい**ことがありましたが、
ども侍りけれど、なほこのたびには**しか**ずとぞ。Fすなはちは、人皆**あぢきなき**事を述
強意（↓省）
やはり今回には**及ば**ないということである。当座は、人々は皆この世が**はかない**ことを語り合っ
べて、いささか心の濁りもうすらぐと見えしかど、月日かさなり、年経にし後は、こ
完了・用　過去・体
て、少し煩悩も薄らぐと見えたが、月日が重なり、年を経て後には、（出家する人はおろか、）地震のことを口に出して言
とばにかけて言ひ出づる人だになし。
類推
い出す人さえいない。

［出典：『方丈記／徒然草』大地震］

□やうやう【漸う】①しだいに。②やっと。

□いみじ　①みすぼらしい。②ひどい。恐ろしい。③並々ではなくたいそうなことだ。

□しく【及く・若く・如く】①追いつく。②匹敵する。

□あぢきなし【味気無し】①道理に外れている。②甲斐がない。③おもしろくない。

10
随筆

近畿大学
折《おり》たく柴《しば》の記《き》

作品解説 ■ 江戸中期の儒学者・政治家である新井白石によって書かれた自叙伝。両親のこと、生い立ちや経歴を述べ、六代将軍家宣《いえのぶ》のもとで政《まつりごと》に尽力した自らの立場を和文で綴っている。

別冊（問題）p. 62

解答

問一	問二	問三	問四	問五	問六	問七	問八	問九
4	3	3	1	1	2	1	1	2
2点	2点	2点	4点	4点	4点	4点	6点	2点

合格点 24／30点

問題文の概要

あらすじ ● 昔の人は言うべきこと以外はしゃべらず、寡黙であったが、作者の両親もそうであった。父親が病気で寝込んだとき、無言で背中を向けて寝ていたが、そのわけを母親に問われて、心を取り乱して妄言を吐かないように我慢していたと答えるような父親だったことから、作者は聞けなかったことも多く、後悔している。

内容解説 ● 作者の父がかつて病床にあったときの様子を述べ、寡黙であることをよしとする考え方が昔はあったことを示した上で、そのような父であったために聞きたいことも聞けずに後悔しているという自分の気持ちを述べています。

設問解説

問一　適語の補充

まずは選択肢の意味を確認します。選択肢がすべて連用形の言い方になっているのは、空欄の下に存続の助動詞「たり」があるからです。よって選択肢を言い切りの形にして確認します。

1「他はいひ」＝その他は言う
2「善悪を知り」＝善悪を知る
3「初心を案じ」＝初心を思い巡らす
4「義を尽し」＝義を尽くす

4の「義」には、「意義・意味・趣旨」の意味がありますが、頻出語ではありませんので、知らないかもしれません。このような場合は、選択肢の個々の語句の意味を考えるのではなく、前後の文脈に合う選択肢を選ぶ、もしくは文脈に合わない選択肢を除くというやり方にします。

本文冒頭の一文は、作者の関心事である「昔の人の口数の少なさ」について述べています。空欄の前後の「いふべき事をも、……其《その》［1］たりけり」は、点線部**ア**の「いふべき事あればうちいひて」とほぼ同じ「言うべき事を言葉少なに言う」という内容になるはずですから、**空欄には「言う」に相当する述語が入る**と判断できます。「尽す」には「言い尽くす」の意味がありますので、選択肢2「知り」と3「案じ」を除くことができます。空欄の直前の指示語「其」は「いふべき事」を指しますので、1の「他はいひ」では、「いふべき事以外」を言うという内容になってしまいます。よって、**正解は4「義を尽し」**となります。昔の人はべらべら余計なことはしゃべらず、言いたいことも言葉少なに「その真意を言い尽くした」ということです。

解答　4

問二　主体の把握

ポイントは敬語です。まずは、2行目「我父母」以下は、「私の両親もそのように寡黙でいらっしゃった」の意味ですから、「むかし人」の例として自分の両親を挙げ、そのエピソードを語っている場面であることがわかります。過去の助動詞「き」が用いられていることから、11行目「答へ給ひき」までが過去のエピソードです。これを踏まえて、傍線部①の「人」が誰を指すのかを判断します。

傍線部①の直前を含めた「父にておはせし人」を訳します。

父—①に—て—②おはせ—③し—人

①助動「なり」の連用形。断定［～である］
②動「おはす」。「あり」の尊敬語。いらっしゃる。
③助動「き」の連体形。過去［～た］

直訳▼父でいらっしゃった人

傍線部①は作者の父親を指すということです。そして、作者は父親には尊敬語を用いて敬意を表していることも確認します。

では、二重傍線部をⓐから順に見てきましょう。

二重傍線部ⓐ ここに至る内容をまとめます。父親が熱病にかかって死にそうになって、医者から妙薬を飲ませるようにと言われたとき、「此事《この》いかにやあらむ（このことはどうでしょうか）」と言った、その発言者がⓐの人です。「いふ」は尊敬語が用いられていませんし、父親以外の誰かだとわかりますので、答えにはなりません。

直前の会話文は、「のたまひ」が尊敬語ですから、父親の発言で、会話の直前に「よのつねに人にいましめ給ひしは」とありますので、父親は常々人に向かって戒めていたということです。その内容は、「薬を飲んで苦しんで最期を迎えるのは見苦しい。よくよく気をつけよ」というものです。この戒めを思い出したⓐの人は、薬を飲ませることは父親の主義に反することなので、医者の指示に従うことを渋ったわけです。よって、ⓐ「いふ」の主語は、はっきりとは断定できませんが、父親以外の誰か身内の者、ということになります。

二重傍線部ⓑ これも尊敬語ではありませんので、父親以外の誰かだとわかり、答えにはなりません。医者の指示に反対するⓐの人はいましたが、あまりにも苦しそうな父親を見るのもつらいので、しょうが汁と合わせて薬を「すゝめ」たのは、やはり父親以外の誰かです。自叙伝は日記に近いので、「私」という主語は省略されます。父にしょうが汁と薬を差し上げたのは、これも断定はできませんが、作者（＝私）と推測することができます。

二重傍線部ⓒ これも尊敬語ではありませんが、会話文の中にありますので、要注意です。誰の会話なのか判断します。病気が治った後、母親の「どうして背中を向けて黙っていたのか」という質問に答えているので、父親の発言だとわかります。**会話文の中で自分の行動を述べるときは、敬語は用いません。**二重傍線部ⓒの前の点線部ウに「我」と主語がありますので、**「かはれ」の主語は自分（父親）となり、これが正解**です。この時点で答えは出ます。

二重傍線部ⓓ これは両親のエピソードが終わって、作者の感想が述べられているところです。**地の文で、主語が書いていなくて、尊敬語ではありませんので、主語は作者自身**である可能性大です。「問ひまゐらせばや（お尋ね申し上げたい）」の「まゐらす」は謙譲の補助動詞ですから、作者が自分の行為に謙譲語を用いることで、父親への敬意を表していると考えられます。よって、「おもふ」の主語は作者です。

作者は父親に聞きたいことがあったけれども、寡黙な父に言い出せないままになってしまって、悔しい思いをしていると、最後に自分の気持ちを述べています。

解答 3

問三 **文法（「なむ（なん）」の識別）**

●「なむ（なん）」の識別●

1 **未然形**＋「なむ」→**願望**の終助詞［〜してほしい］
2 **連用形**＋「な」＋「む」
→**完了**の助動詞「ぬ」の未然形＋**推量**の助動詞「む」
3 **名詞など**＋「なむ」→**強意**の係助詞
4 **ナ変動詞**の「―な」＋**推量・意志**の助動詞「む」
例 死なむ 訳 死ぬだろう

波線部Ⓐの前後を含めて「ありなむには」を品詞分解します。

日比｜に｜かはれ｜①る｜事｜も｜②あり｜③な｜④む｜に｜は

①助動「り」の連体形。完了［〜た］
②動「あり」の連用形。
③助動「ぬ」の未然形。完了［〜た］
④助動「む」の連体形。仮定［もし〜ならば］
→④は連体形の文中用法のため、仮定か婉曲。文脈から仮定と判断できる。

直訳▼もしいつもと変わったことがあったならば

選択肢を検討します。

1…「渡ら」が四段活用動詞の未然形なので、「なむ」は終助詞。
2…引用の格助詞「と」の下にあるので、「なむ」は係助詞。結びの語「聞く」などが省略されている。
3…「なり」が四段活用動詞の連用形なので、「な」は完了の助動詞、「む」は推量の助動詞。
4…「いな」はナ変動詞「いぬ」の未然形で、「な」は活用語尾、「む」は意志の助動詞。

よって、**正解は3**となります。

解答 3

問四 **解釈**

まずは傍線部②「しかるべからず」を訳します。ポイントは指示語の内容です。

しかる①―べから②―ず③

①【然り】副「しか」+動「あり」(ラ変)の「しかあり」が転じたもの。[そうである]

②助動「べし」の未然形。

③助動「ず」の終止形。打消[～ない]

「べし」は「当然・適当・可能」などたくさんの意味を持ちますので、文脈に即して意味を判断する必要があります。

●「べし」の意味の識別●

主語が一人称→「～しよう」

主語が二人称→「～がよい」「～べきだ」「～しなさい」

主語が三人称→「～だろう」「～はずだ」

困難な状況のとき→「～できる」

本文は「病気が重い」という困難な状況ですから、「べし」を可能の意味と判断できます。

直訳 ▼ そうであることはできない

「そうである」の指示する内容を本文から探ります。まず、傍線部②を含む発言は「どうして背中を向けて寝て、何も言わなかったのか」という母親の質問に答えた父親のものであることを確認します(問二参照)。点線部ウは、**自分はこれまで、人に苦しそうな様子を見せたことがなかった**、という意味です。それと対比して、**今回は**頭痛が激しく、日頃と違うようなときは、**そうであることはできない**、となりますので、「そう」は「人に苦しそうな様子を見せない」を指すとわかります。「そうであることができない」は**「人に苦しそうな様子を見せないでいることはできない」**という意味になります。よって、**正解は、1「この数日で病状が悪い方向に進んでしまうと、これまでと違った苦しい様子を人に見せるかもしれない」**となります。父親は人に苦しい様子を見せないようにするために背中を向けて寝ていたというのです。

解答 1

問五 **現代語訳**

ポイントは傍線部③の「しかじ」の意味です。

> ①しか―②じ、―いふ―事―③なから―④む―に―は
>
> ①動【如く】及ぶ。
> ②助動「じ」の終止形。打消推量［～まい］
> ③形【無し】ない。（未然形）
> ④助動「む」の連体形。婉曲［～ような］
>
> **直訳** ▼ 及ぶまい、言うことがないようなことには

直訳の「言うことがない」とは「何も言わない」ということなので、「何も言わない方がよい」という意味です。よって**正解は、1「何も言わないに越したことはない」**となります。

「しかじ～には」は漢文から来た表現で、「～するに越したことはない」「～する方がましだ」の意味となり、倒置の形で用いられることが多くなります。父親は、熱におかされて世迷《よま》言《ごと》を言うぐらいなら何も言わない方がいい、と考えて黙って寝ていたというのです。ここが、本文最初の「昔の人は余計なことはしゃべらない」につながります。

解答 1

問六 **内容説明**

傍線部④「よのつねの事ども」は、直前の父親の発言を受けています。この**父の発言によって、「よのつねの事ども」は推測できる**、と言っていますから、傍線部④は「日ごろの父の態度」となります。この時点で答えが出ますが、確認のため傍線部⑥についても解説します。

傍線部⑥「よのつねの事共《ども》」は、「おやおほぢの御事」と対比の関係にあります。「よのつねの事共」はそれでもよいが、父親や祖父のことは詳しく聞かなかったのが悔しい、ということですから、傍線部⑥は「世間一般のこと」で間違いありません。

よって、**正解は2**となります。

解答 2

問七 **内容説明**

ポイントは、指示語「かく」の内容です。「かく」の下の「おはせ」は尊敬語で、父への敬意を表していますので、「かく」は直前の父親の発言から推測できるような**「日ごろの父の態度」**を指します。「日ごろの父の態度」とは、「病気で苦しんでいても黙っていた」という父親の態度を指します。直後の「問ひまゐらせばやとおもふ事も、いひ出でがたくして」は、作者が「お聞きしたい、と思うことも言い出しにくくて」ということです。父親が「このような」人だったので、聞きたいことも聞けずじまいだった、ということですから、**「かく」が指し示しているのは、父親の寡黙な態度です**。よって、**正解は1**となります。

ここも、本文の1行目につながるわけです。

解答 1

問八 内容判定

選択肢の内容と本文とを照らし合わせていきます。

1 昔の人はあまり多く語らないことを美徳としており、父親もまたそれに従って寡黙な人であった

↓矛盾がない。

2 作者の父は口数が少ない人であったため、作者の母は父になぜ話さないのか普段から質問していた ×

↓8行目。母は、病気が治った後に質問している。

3 父親は七十五歳のときに熱病におかされたが、医者がすすめる薬を断って一時は重体に陥っていた ×

↓6行目。父以外の誰かが、薬を渋った、とある。

4 若い人は病にかかったら効き目のある薬をすぐに飲んだ方がよいが、老人は効きすぎるのでよくない ×

↓そのような記述はない。

よって、**1が正解**です。

解答 1

問九 文学史

1 **鴨長明《かものちょうめい》**＝鎌倉初期の歌人・文人。『方丈記《ほうじょうき》』『発心集《ほっしんしゅう》』『無名抄《むみょうしょう》』など。

2 **新井白石**＝江戸中期の儒学者・政治家。『古史通』『折たく柴の記』など。

3 **荻生徂徠《おぎゅうそらい》**＝江戸中期の儒学者。『政談』など。

4 **契沖《けいちゅう》**＝江戸前期の国学者。著書は『万葉代匠記《まんようだいしょうき》』。

正解は2「新井白石」です。

解答 2

現代語訳

むかし人は、アいふべき事あればうちいひて、その余はみだりにものいはず、いふべ
昔の人は、言わなければならないことがあると言って、それ以外はむやみにものを言わず、言わなけ

き事をも、いかにもことば多からで、其《その》義を尽したりけり。我父母にてありし人々
断定・用　過去・体
ればならないことでも非常に言葉少なにその真意を言い尽くしたのだった。私の父母であった人も、そのよう

もかくぞおはしける。父にておはせし①人のその年七十五になり給ひし時に、傷寒を
強意（↓）　過去・体（↑）　断定・用　過去・体　主格　過去・体
でいらっしゃった。父でいらっしゃった方が七十五歳におなりになった時に、激しい熱

うれへて、事きれ給ひなんとするに、医の来りて独参湯をなむす、むべしといふ也。
推量・終　主格　＊強意　断定・終
病にかかって、今にも死にそうになられた時に、医者が来て「独参湯を差し上げよう」と言ったのである。

よのつねに人にいましめ給ひしは、「年わかき人はいかにもありなむ。イよはひかたぶ
過去・体　推量・終
父が常日頃人に注意しておっしゃったことには、「若い人はそうしても構わないだろう。（が、）年老いた身で、

きし身の、いのちの限りある事をもしらで、薬のためにいきぐるしきさまして終りぬ
過去・体　主格
命に限りがあることをも知らないで、薬のために息苦しそうにして臨終を迎えるのは見苦しい。

るはわろし。あひかまへて心せよ」とのたまひしかば、此事いかにやあらむとⓐいふ
疑問（↓）　推量・体（↑）
よくよく気をつけよ」とおっしゃっていたので、「これはどうであろうか」と言う人がいたが、

人ありしかど、疾喘の急なるが、見まゐらするもこゝろぐるしといふほどに、生薑汁
急な病気でとても息苦しそうなのが、拝見するのもつらいほどだったので、しょうが

重要語句

□よ【余】①あまり。②その他。
□みだりなり　やたらに。むやみに。
□ぎ【義】①人として守るべき正しい道。②道理。規則。③意義。意味。
□かく【斯く】このように。こう。
□こときる【事切る】①息絶える。死ぬ。②決着がつく。決まる。
＊ここは係り結びの法則に従っていない。
□いましむ【戒む】①いさめる。禁じる。②とどめる。注意する。
□いかにもありなむ　どのようであってもよいだろう。
□よはひ【齢】①年齢。②年ごろ。③寿命。
□かぎり【限り】①限度。②機会。③人生の終わり。
□かまへて【構へて】（命令の語を伴って）きっと。必ず。心して。

にあはせてⓑすゝめしに、それよりいき出で給ひて、つひに其病癒え給ひたりけり。

汁に合わせて差し上げたところ、それから息を吹き返しなさって、結局その病気は治りなさったのであった。

後に母にてありし人の、「いかに、此程は人に**そむき**ふし給ふのみにて、また物のたまふ事もなかりし」ととひ申されしに、「されば、頭のいたむ事**殊に**甚しく、ウ我いまだ人にくるしげなる**色**みえし事もなかりしに、日比にⓒかはれる事もありⒶなむには、②**しかる**べからず。又エ世の人熱にをかされて、ことばのあやまち多かるを見るにも、③**しかじ**、いふ事なからむにはと思ひしかば、さてこそありつれ」と答へ給ひき。これらの事にて、④**よのつね**の事ども、**おもひはかる**べし。⑤かくおはせしかば、あはれ、問ひまゐらせばやとⓓおもふ事も、いひ出でがたくして、うち**すぐる**程に、**うせ**給ひしかば、さて**やみ**ぬる事のみぞ多かる。⑥よのつねの事共は、

後に、母であった方が、「どうして、病気の間は人に**背を向けて**寝ていらっしゃるばかりで、何もおっしゃることがなかったのですか」とお尋ねなさったところ、「それは、頭痛が**とても**ひどく、自分はまだ人に苦しそうな**様子**を見せたこともなかったのに、いつもと変わったことが起こったら、**そのように**はいられない（苦しそうな様子を見せるかもしれない）。また世間の人が熱病におかされて、わけのわからないことなどを言うことが多いのを見るにつけても、何も言わない**に越したことはないだろう**と思ったので、そうしていたのだ」とお答えになった。これらのことによって、**日頃**の父の態度も**推測できる**だろう。このようでいらっしゃったので、（私は）「ああ、お聞きしたい」と思うことも言い出しにくくて、そのまま**過ぎていく**うちに、お**亡くなり**になったので、**そのままになって**しまったことばかりが多い。世間一般のことについては、

□そむく【背く】①背を向ける。さからう。②別れる。③世俗を捨てる。出家する。

□ことに【殊に】①とりわけ。格別に。②その上に。

□いろ【色】①色彩。②位階によって決められた服の色。③喪服の色。④顔色。様子。⑤恋愛。

□しかり【然り】その通りである。

□しかじ【如かじ・若かじ・及かじ】～に越したことはない。

□よのつね【世の常】ふつう。並ひと通り。

□おもひはかる【思ひ量る】考慮する。思いめぐらす。

□すぐ【過ぐ】①過ぎる。②現世での人生を過ごし終える。③まさる。④暮らしを立てる。

□うす【失す】世から消える。命をなくす。

□やむ
【病む】①病気になる。②思い悩む。
【止む】①止まる。②中止になる。③病気が治る。

さてもや《疑問(↓)》あるべき《推量・体(↑)》。おやおほぢの御事、**詳なら**ざりし《過去・体》事こそ《強意(↓)》くやしけれど《(↑流)》、今は**とふ**
べき人とてもなし。

それでも構わないのだろうか。父親と祖父のことについて**詳しく**聞けなかったことは残念であるが、今はもう**尋ね****る**ことができる人もいない。

［出典：『戴恩記／折たく柴の記／蘭東事始』序］

10

□つまびらかなり【詳らかなり】ことこまかなさま。

□とふ【問ふ・訪ふ】①見舞う。②尋ねる。③訪問する。

11 評論

駒澤大学 俊頼髄脳《としよりずいのう》

作品解説 ■ 平安時代後期、源俊頼によって書かれた歌論書。関白藤原忠実の依頼によって、その子である泰子（のちの鳥羽天皇皇后）のために書かれた作歌の手引書。「けだかく遠白きこと」が和歌の理想であると説く。「遠白し」は気品があって奥深いさま。

別冊（問題）p. 68

解答

問一	ア	4点					
問二	イ	4点					
問三	ア	2点					
問四	d	2点					
問五	(A) エ	2点					
	(B) ウ	4点					
問六	考えつくことができなかったので	6点					
問七	オ	6点					

合格点 24／30点

問題文の概要

あらすじ ● 歌の病に後悔の病がある。歌を詠んだ後で後悔しないように、じっくり考えて歌を詠むのがよいが、それも時と場合による。小式部内侍《こしきぶのないし》や伊勢大輔《いせのたいふ》の孫のようにすばやく歌を詠んで名声を得た例もある。

内容解説 ● 歌を作るのにかける時間の長短について論じています。基本的にはじっくり時間をかけて歌を作るほうがよいが、時と場合によってはすばやさが要求されることを二つの例を挙げて述べています。

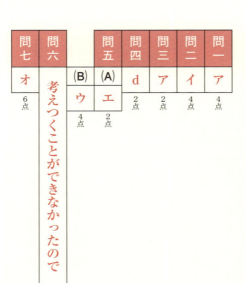

設問解説

問一 解釈

まずは、傍線(1)を直訳します。

> かく①—いは—で②—など—思ひ—て
> ① 副 このように。
> ② 接助 打消［～しないで］
> 直訳▼このように言わないでなどと思って

次に、冒頭からの内容を踏まえて、「このように言わないで」とはどのようなことを指すのかを読み取ります。本文の冒頭で、「後悔の病」が提示されています。「後悔の病」にかからないためには、歌は急いで詠んではならない、と結論付け、紀貫之の例を挙げています。

読解ルール　傍線部の前後に根拠あり！

傍線(1)の前には「よい言葉や、趣向を思いつき」とあり、傍線(1)の後に「悔いねたがる」とありますので、傍線(1)は、後で**良いことを思いついて後悔している内容**だと判断できます。よって、**ア「こう詠まなくて残念だったと思って」が正解**です。

ウと**オ**は「後悔」の内容になっていません。**イ**は「ほしかった」が第三者への願望になっているので、不適です。**エ**は一見「後悔」の内容になっていますが、打消の接続助詞「で」を「たくなかった」と訳すのは無理があります。選択肢のおおよその内容だけで選んでしまってはいけません。直訳と照らし合わせることが重要です。

解答　ア

問二 文学史

「紀貫之」の代表的な作品は『土佐日記《とさにっき》』と『古今和歌集《こきんわかしゅう》仮名序《かなじょ》』です。よって、**イが正解**です。

> **ア**『**十六夜日記**《いざよいにっき》』＝鎌倉中期の日記。筆者は阿仏尼《あぶつに》。
> **ウ**『**更級日記**《さらしなにっき》』＝平安後期の日記。筆者は菅原孝標娘《すがわらのたかすえのむすめ》。
> **エ**『**讃岐典侍日記**《さぬきのすけにっき》』＝平安後期の日記。筆者は讃岐典侍。
> **オ**『**蜻蛉日記**《かげろうにっき》』＝平安前期の日記。筆者は藤原道綱母《みちつなのはは》。

解答　イ

問三 語句の意味

傍線(3)「心もとなく」は、「気がかりだ・じれったい」という意味の形容詞「心もとなし」の連用形です。よって、**正解はア**となります。傍線(3)は、四条中納言の発言の中にあります。「いかに心もとなく思《おぼ》すらむ」は、丹後の母親に出した使いの帰り

を待っているのは、「どんなに気がかりにお思いでしょう」と小式部内侍に嫌がらせを言っているのです。 **解答** ア

問四 文法（「む」の識別）

●「む」の識別●

1 文末の「む（め）」

未然形＋「む（め）」
- **→主語が一人称＝意志「～しよう」**
- **→主語が二人称＝適当・勧誘「～がよい」**
- **→主語が三人称＝推量「～だろう」**

2 文中の「む」

未然形＋「む」＋名詞→婉曲「～ような」

未然形＋「む」＋助詞→仮定「～ならば」

まずは傍線(4)「ねたがらせむ」を品詞分解します。

ねたがら①―せ②―む③

① 動「ねたがる」の未然形。悔しがる。
② 助動「す」の未然形。使役「～させる」
③ 助動「む」の終止形。意志「～しよう」

「む」は、下に引用を表す格助詞「と」があり、「む」で文が止まっていますので、**文末の「む」**に該当し、係り結びなどはありませんので、終止形となります。**主語**は「悔しがらせる」と思っている人自身、つまり**一人称**なので、意味は意志になります。

選択肢の「む」を、文末なのか文中なのかに注意して見ていきましょう。

二重傍線a「詠まむ」 「詠まむには」と下に助詞「に」がありますので、「む」は文中の用法で、意味は仮定になります。

二重傍線b「遣はしけむ」 「遣はし―けむ」と品詞分解し、「けむ」は過去推量の助動詞です。

二重傍線c「思すらむ」 「思す―らむ」と品詞分解し、「らむ」は現在推量の助動詞です。

二重傍線d「返しせむ」

返し①―せ②―む③

① 名 返歌。
② 動「す」（サ変の未然形）する。
③ 助動「む」の終止形。意志「～しよう」

下に助詞「と」がありますが、これは引用の「と」ですから、「返しせむ」となり、**「む」は文末の用法**となります。**主語**は返

歌をしようとしている人自身、つまり**一人称**なので、意味は意志、活用形は**終止形**になります。

二重傍線e「おのれぞせ**む**」

> ①おのれ ― ②ぞ ― ③せ ― ④む
> ①名 お前。
> ②係助 強意
> ③動「す」（サ変の未然形）する。
> ④助動「む」の連体形。勧誘［〜がよい］（「ぞ」の係り結び）

「む」は文末の用法で、**主語**は「おのれ」です。「おのれ」は、一人称にも二人称にもなる語ですが、ここは、後冷泉院が伊勢大輔の孫に向かって歌を詠むよう命令している場面ですから、「おのれ」は**二人称**となり、意味は勧誘となります。係助詞「ぞ」の係り結びですから、活用形は**連体形**となります。

よって、**正解はd**となります。

解答 d

問五　主体の把握・解釈

第二段落の内容を読み取ります。第一段落では、後悔の病にかかるから、歌は急いで詠んではならない、と結論付けながら、最後に「ときと場合による」と述べています。第二段落では、その「ときと場合による」具体的な例が挙げられています。小式部内侍の歌の成立状況を述べ、最後に「これを考えると、すばやく歌を詠むのもすばらしい」と結んでいます。

では、傍線(5)がどのような状況で発言されたものなのかを見ます。7行目に「事の起りは」とありますので、それ以下を見ます。「小式部内侍は、和泉式部が娘なり」は、「小式部内侍」と「和泉式部」の関係を説明しています。「が」が連体格の用法ですから、小式部内侍は、有名な女流歌人である和泉式部を母親に持つ娘ということです。

そして、歌合の席で事件は起きます。歌合は歌の優劣を競う遊びです。四条中納言定頼《さだより》が小式部内侍に嫌がらせをしようと、「丹後にいる母親に頼んだ歌はまだ来ないのか」と声をかけたところ、すかさず小式部内侍が詠んだのが、**「大江山」の歌**です。これを**受けた反応が傍線**(5)ですから、四条中納言定頼の気持ちとなります。よって、**(A)はエが正解**です。

傍線(5)を訳します。

> ①いかに ― ②かかる ― ③やう ― は ― ある
> ①副 どうして。
> ②連体 このような。
> ③名 こと。
> 直訳▼どうしてこのようなことはあるのか

11

「このようなこと」は、小式部内侍がすかさず歌を詠んだことを指します。

選択肢の中で「すぐに歌を詠んだ」という内容になっているのは、**ア**と**ウ**と**オ**です。

ア　こっそり独り言を言ったのに、どうしてすぐにこれほどの気の利いた歌を詠めたのだろう、という気持ち
→定頼は、小式部内侍に嫌がらせをしようとして声をかけている。

ウ　いじわるな言葉をかけたのに、どうしてすぐにこれほどすぐれた歌を詠めたのだろう、という気持ち
→矛盾がない。

オ　自分の本心が知られないような歌を詠んだのに、どうしてすぐに歌を返してきたのだろう、という気持ち
→定頼は、歌を詠んではいない。

よって(B)の正解はウです。

定頼の言葉の具体的な内容はわからなくても、傍線(4)「ねたがらせむ」の意味が「悔しがらせよう」だとわかれば、答えを出すことはできます。

「大江山」の歌は、入試頻出ですので、解説をします。地名である「生野（いくの）」の「生」に「行く」、「文」に「踏み」がそれぞれ掛けられています。「母親に頼んだ歌はまだ来ないのか」といういじわるな問いかけに、「母親からの手紙は見ていません」ときっぱり答えたということです。この歌を詠むのにもし時間がかかってしまったら、定頼を黙らせることはできなかったでしょう。すばやく詠んで功を奏した歌ということです。

解答　(A) エ　(B) ウ

問六　**現代語訳**

傍線(6)は、小式部内侍の歌を聞いた四条中納言定頼が、返歌をしようとして、しばらく考えた後の行為です。

①え ― ②思ひ得 ― ざり ― ③けれ ― ④ば

①副「え…ず」で「〜できない」の意味になる。
②動「思ひ得（う）」考えつく。
③助動「けり」の已然形。過去［〜た］
④接助 已然形＋ば　順接確定条件［〜ので］

直訳 ▼ 考えつくことができなかったので

「考えつく」は「思いつく」と訳しても同じ意味になります。直訳に主語や目的語を補うと、「四条中納言定頼は返歌を思いつくことができなかったので」となります。解答欄の大きさにもよりますが、十分スペースがあれば、主語や目的語を補って

「定頼は返歌を思いつくことができなかったので」と訳します。もし、解答欄が小さければ、直訳、もしくは直訳の不自然な表現を修正して、解答とします。今回は、解答欄が小さいので、直訳「考えつくことができなかったので」を正解とします。

小式部内侍にいじわるをしてやろうとした定頼でしたが、思いがけず歌を詠み掛けられて、返歌もできずに逃げていきます。すばやく歌を詠むことができた小式部内侍の方が一枚上手でした。

解答 考えつくことができなかったので

配点 「思ひ得」の意味……3点
「できなかったので」の訳……3点

問七 解釈

ポイントは、傍線(7)の「とさ」と「おそろし」の意味です。

第三段落では、小式部内侍の歌に続いて、さらに別の例を挙げています。「いにしへの」の歌が詠まれた状況を読み取りましょう。楓の枝を投げ与えた後冷泉院から「この中には、おのれぞせむ（この中では、お前がする〔＝歌を詠む〕のがよい）」と命令されて、**伊勢大輔の孫である女性が「ほどもなく（すぐに）」詠んだのが「いにしへの」の歌です。その歌に対する後冷泉院の発言が傍線(7)です。**これを訳します。

---

①歌がら―は―②さる―もの―③に―て、―④とさ―こそ―おそろしけれ

① 名 歌の品格。
② さるもの＝「相当のもの」の意味。
③ 助動「なり」の連用形。断定〔～である〕
④ 名【疾さ】すばやさ。形容詞「疾し」の語幹「と」に接尾語「さ」がついたもの。

直訳 ▼ 歌の品格は相当なものであって、すばやさが「おそろしい」

「歌がら」「さるもの」の意味がもしわからなくても、「とさ」が「すばやさ」だとわかれば、選択肢を**ア**と**オ**に絞ることができます。**ア**と**オ**の違いは「おそろし」が表す評価です。「おそろし」には「怖い・不気味だ」というマイナスの意味もありますが、「たいしたものだ・驚くべきである」というプラスの評価を表す意味もあります。傍線(7)の後に「とく詠むべし（すばやく詠むべきだ）ともおぼゆ」がありますので、ここは、**すばやさに対するプラスの評価**を表すと判断できます。よって、**正解は、オ「歌の品格はなかなかのものであるが、何と言ってもすばやく歌を作る能力はたいしたものだなあ」**となります。

筆者は、小式部内侍と伊勢大輔の孫の例を挙げて、すばやく歌を詠むことのすばらしさを説いていますが、最後には、ゆっ

くり詠んでよい歌ができた例は数知れない、と第一段落の結論に戻っています。
ゆっくり作るのがよいのか、すばやく作るのがよいのか、この本文だけではわかりませんが、筆者は、問題文の途中に省略されている文章で次のように述べています。

「ただ、もとの心ばへにしたがひて、詠み出だすべきなり（天性の心の働きに即応して、歌は詠み出すべきだ）」
つまり、その人その人に合った詠み方をすればよい、ということです。

解答 オ

現代語訳

歌の、八の病の中に、後悔の病といふやまひあり。歌、すみやかに詠み出だして、人にも語り、書きても出だして、のちに、よきことば、**節**を思ひよりて、(1)かくいはでなど思ひて、**悔い** **ねたがる**をいふなり〔断定・終〕。されば、なほ、歌を詠まむ〔a 仮定・体〕には、急ぐまじきが〔主格〕よきなり〔断定・終〕。いまだ、昔より、**とく**詠める〔完了・体〕にかしこきことなし。されば、(2)貫之などは、歌ひとつを、十日二十日などにこそ〔強意(↓)〕詠みけれ〔過去・已(↑)〕。しかはあれど、折にしたがひ、事

歌の、八つの病の中に、後悔の病という病がある。歌を、迅速に作り上げて、人にも語り、書いて送ったりもして、のちに、よい言葉や、**趣向**を思いついて、このように歌を詠まないで（残念だった）などと思って、**後悔し悔しがる**ことをいうのである。だからやはり、歌を詠む場合には、急いではいけないのがよいのである。今でも、昔から、**早く**詠んだ歌にすばらしいものはない。だから、貫之などは、歌一首を、十日も二十日もかけて詠んだそうだ。そうではあるが、時と場合に、事にもよるだろう。

重要語句

□ふし【節】①歌の一区切り。②歌の節回し。③心のとまる点。④機会。きっかけ。⑤趣向。
□くゆ【悔ゆ】後悔する。
□ねたがる【妬がる】①悔しがる。②恨めしく思う。
□とし【疾し】早い。速い。

にぞよるべき。

大江山生野の里の遠ければ文もまだ見ず天の橋立

大江山を越えていく生野の里が遠いので、私は天の橋立を踏んでみたこともありませんし、（母からの）手紙もまだ見ていません。

これは、小式部内侍といへる人の歌なり。事の起りは、小式部内侍は、和泉式部が娘なり、親の式部が、保昌が妻にて丹後に**下り**たりけるほどに、都に、**歌合**のありけるに、小式部内侍、歌詠みにとられて詠みけるほど、四条中納言定頼といへるは、四条大納言公任の子なり、その人の、たはぶれて、小式部内侍のありけるに、「丹後へ**遣はし**けむ人は、帰りまうで来にけむや。いかに(3)**心もとなく**思すらむ」と、(4)ねたがらせむと申しかけて、立ちければ、内侍、御簾より半ら出でて、わづかに、直衣の袖をひかへて、この歌を詠みかけければ、(5)いかにかかる**やう**はあるとて、**つい**

これは、小式部内侍といった人の歌である。事の発端は、小式部内侍は、和泉式部の娘であり、親の式部が、藤原保昌の妻として丹後に**下って**いた時に、都で、**歌合**があったのだが、小式部内侍が歌人として選ばれて（詠む歌を）考えていた頃、四条中納言定頼といった人は、四条大納言公任の子であり、その人が、戯れて、小式部内侍がいたので、「（母君に歌を作ってもらおうと）丹後へ**使いとして行かせ**たとかいう人は、帰参したでしょうか。どんなに**気がかりに**お思いでしょう」と、悔しがらせようと言いかけて、立ち去ろうとしたので、内侍は、御簾より半分身を出して、ほんの少し、直衣の袖を引き止めて、この歌を詠みかけたので、どうしてこんな**こと**があるのかと思って、**ひざま**

□くだる【下る】都から地方へ行く。

□うたあはせ【歌合】左右に分かれて歌の優劣を競う遊戯。

□つかはす【遣はす】①派遣なさる。②お与えになる。③派遣する。④贈る。

□こころもとなし【心許なし】①はっきりしない。②気がかりで不安だ。③待ち遠しい。

□やう【様】①形式。②様子。③状態。④理由。⑤方法。

□ついゐる【つい居る】①かしこまってひざまずく。②腰をおろす。

11

居て、この歌の返しせ**む**とて、しばしは思ひけれど、(6)**え**思ひ得**ざり**ければ、引き張り
（む：意志・終　d）
ずいて、この歌の返歌をしようとして、しばらくは思案したが、思いつくことが**できなかっ**たので、(袖を)引っ

逃げ**に**けり。これを思へば、心とく詠め**る**もめでたし。

（に：完了・用　る：完了・体）

張って逃げたそうだ。これを思えば、早く(歌を)詠むのもすばらしいことだ。

いにしへの家の風**こそ嬉しけれ**かかることの葉散り来《く》と思へば
（こそ：強意(↓)　嬉しけれ：形・已(↑)）
昔からの歌人の家の伝統こそうれしいものだ。このようなありがたいお言葉が(私に)寄せられると思うと。

後冷泉院の御時に、十月ばかりに、月**の** **おもしろかり**けるに、女房たち**あまた**具して、

（の：主格）

後冷泉院の御代に、十月頃、月が**趣深かっ**たので、(帝は)女房たち**大勢**を連れて、

南殿に出で**させ**おはしまして、**遊ば****せ**たまひけるに、楓の紅葉を折ら**せ**たまひて、女
（させ・せ・せ：尊敬・用）
紫宸殿にお出ましになって、**遊び**なさった時に、楓の紅葉をお折りになって、女房の中に伊勢

房の中に伊勢大輔**が**孫**の**ありけるに、投げつかはして、「この中には、**おのれ**ぞせ**む**」

（が：連体格　の：主格　ぞ：強意(↓)　む：勧誘・体(↑)　e）

大輔の孫がいたが、その人に、投げておやりになって、「この中では、(今したことの返事

とて仰せられければ、**ほどもなく**申しける歌**なり**。これを聞こしめ
（なり：断定・用）
を)**おまえ**がするがよい(=歌を詠め)」とおっしゃったので、**時を置かず**申し上げた歌である。これをお聞きになって、

して、「(7)**歌がらはさるものにて、とさこそおそろしけれ**」と**ぞ**仰せられ**ける**。されば、

（に：断定・用　こそ：強意(↓)　おそろしけれ：形・已(↑)　ぞ：強意(↓)　ける：過去・体(↑)）

「**歌の品格**は**なかなか**のものであるが、(歌を詠む)早さが**大したもの**だ」とおっしゃった。だから、

なほなほ、少々の節は**おくれ**たりとも、とく詠むべしともおぼゆ。おそく詠みて、よ
それでもやはり、すこしばかり趣向が**劣っている**としても、早く詠むべきだとも思われる。(しかし)時間をかけて詠ん

□え　(打消の語を伴って)〜できない。
□おもしろし【面白し】①すばらしい。美しい。風流だ。趣深い。②おもしろく興味がある。③晴れ晴れとして明るい。
□あまた【数多】①たくさん。②非常に。
□あそぶ【遊ぶ】詩歌・管弦などの遊びをする。
□おのれ【己】①自分自身。②わたくし。③おまえ。
□ほどもなし【程も無し】①(時間的に)間もない。②年若い。③狭い。
□うたがら【歌柄】歌の品格・風格。
□さるもの【然るもの】①そのようなもの。②相当のもの。③もっともである。
□おそろし【恐ろし】①恐ろしい。②大したものだ。驚くべきだ。
□おくる【後る・遅る】①先立たれる。②劣る。③あとに残る。

き**例**は、申し尽くすべからず。

で、よい（できばえの歌の）**例**は、言い尽くすことができないほど多い。

［出典：『歌論集』俊頼髄脳］

11

□ためし【例】先例。手本。話の種。

日本大学 毎月抄《まいげつしょう》

作品解説 ■ 鎌倉時代前期に、藤原定家によって書かれた歌論書。ある人が定家に毎月和歌の添削を請い、それに対して定家が和歌の作法について十種類の有り様を解きながら指導したという形を取っている。有心体に重点を置き、和歌の理想を説く。

別冊（問題） p. 74

解答

問一	
a	①
b	③
c	②
d	④
e	④

3点×5

問二	問三	問四	問五
②	③	①	②
3点	3点	3点	6点

合格点 24／30点

問題文の概要

あらすじ ● 歌を詠むのに大事なことは「詞」の取捨選択である。「詞」には強弱大小があるので、それをしなやかにつなげて詠むことが大事である。「詞」と「心」を兼ね備えた歌が優れた歌であるが、心の欠けた歌よりも、詞の拙い歌のほうがよい。

内容解説 ● 優れた歌とはどのように詠まれたものであるかを、『古今集仮名序』や父である俊成の言葉を手掛かりにしながら、「詞」と「心」に着眼して論じています。

設問解説

問一 **解釈**

傍線部a　ポイントは「用捨」の意味です。

> 詞 ― の ― ①用捨 ― ②に ― て ― ③はべる ― ④べし
>
> ① 名 用いることと捨てること。
> ② 助動 「なり」の連用形。断定［～である］
> ③ 補動 丁寧［～ございます］
> ④ 助動 「べし」の連用形。推量［～だろう］
>
> 直訳 ▼ 詞を用いることと捨てることでございましょう

5行目の亡父の言葉の中に「取捨」とあるのもヒントです。「取捨」とは「良いものや必要なものを取り、悪いものや不要なものを捨てること」の意味です。

よって、**正解は①「詞の取捨選択でございましょう」**となります。

②の「用い方と捨て方」は、①の「取捨選択」と同じような内容ですが、文末が「でしょうか」と、断言を避けた表現になっていますので、間違いです。「歌における重要事は、詞の取捨選択だ」と、冒頭で筆者の主張をはっきりと述べています。

傍線部b　「なびらかに」は見慣れない語ですから、それ以外を訳します。

> ①聞きにくから ― ②ぬ ― やうに
>
> ① 形 「聞きにくし」の未然形。聞きにくい。
> ② 助動 「ず」の連体形。打消［～ない］
>
> 直訳 ▼ 聞きにくくないように

直訳とまったく同じなのが③「聞きにくくないように」です。③は「なびらかに」を「しなやかに」と訳していますが、それで矛盾はないか、本文から根拠を探します。傍線部bの直前の「太み細みもなく」をヒントに考えます。**「太いところと細いところがない」**ということは、凸凹がないということですから、「しなやかに」と訳すことに矛盾がないと判断できます。よって、**正解は③**です。

これは、傍線部aの「詞の用捨（言葉の取捨選択）」を具体的に説明しています。「詞」に良し悪しはなく、「しなやかに聞きにくくないように」「詞」をつなげて詠むことが肝要だ、と言っています。これは、歌は本来声に出して詠み上げそれを聞くものだったことによります。弱い詞に強い詞を続けるとリズムが損なわれてしまうから駄目だというわけです。

傍線部c　ポイントは「愚」の意味です。

愚—推—を—わづかに—めぐらし—見—はべれ—ば

① 愚＝自分に関することに付いて、謙譲の意を表す。
② 推＝「推察」の意味。
③ 補動 丁寧［〜です・〜ございます］
④ 接助 已然形＋ば　順接確定条件［〜ので・〜と］

直訳▼私の推測をわずかにめぐらせてみますと

よって、**正解は②「私の推測を少しはたらかせてみますと」**です。「愚」は、現代語でも、「愚息（＝自分の息子）」「愚見（＝自分の意見）」などの熟語で使いますが、選択肢に「私」とあり、傍線部c以下で**自分の考え**を述べますので、もし「愚」を知らなくても、答えを出すことはできます。

関連メモ **人称を表す語**

われ＝一人称、二人称
おのれ＝一人称、二人称
ここ＝一人称、二人称
そこ＝二人称
よ（余）＝男性が用いる自称
翁＝老人がへりくだって用いる自称

傍線部d ポイントは「詮《せん》」の意味です。

詞—を—こそ—詮—と—す—べけれ

① 係助 強意
② 名 眼目。一番大事なところ。
③ 動「す」（サ変の終止形）する。
④ 助動「べし」の已然形（「こそ」の係り結び）。当然［〜べきだ］

直訳▼詞を眼目とするべきだ

第三段落は、「心」と「詞」を対比的に捉えて、どちらを優先するべきかということを論じていますので、**④「詞をこそまず眼目とするべきだろう」が正解**となります。①「心を表現する眼目」は、「心」と「表現（詞）」を対比的に捉えていませんので間違いです。

「詮」の意味を知らなくても、第三段落の趣旨が理解できれば、答えを出すことはできるでしょう。

傍線部e

詞—の—つたなき—に—こそ—はべら—め

① 形【拙し】拙い。劣っている。
＊ここは形容詞の準体法。「つたなき」の下に「歌」が省略されている。

直訳▼詞の拙い歌でございましょう

②助動「なり」の連用形。断定［～である］
③補動 丁寧［～です・～ございます］
④助動「む」の已然形（「こそ」の係り結び）。推量［～だろう］

傍線部eの直前に、「心が欠けている歌よりは」とあり、**「心の欠けた歌」と「詞の拙い歌」を比較しています**ので、「～のほうがよい」という訳になります。よって、④**「詞の拙い歌のほうがよいでしょう」が正解**となります。

解答 a ① b ③ c ② d ④ e ④

問二 語句の意味

ポイントは「鬼拉《きらつ》」と「幽玄」との対比関係に気づくことです。「鬼拉」という語は他では見ない語ですから、その意味の知識から傍線部**ア**を理解することはできませんので、傍線部の前後からその意味を推測するしかありません。

第一段落の内容をまとめます。まず、歌にとって大事なのは、詞の取捨選択であるとし、詞には強いものと弱いものがあるから、これらを凸凹がないようにしなやかに続けなければならない。詞自体にはよい詞も悪い詞もない。ただその続け方によって、歌の詞の優劣は生じる、という筆者の考えに続いて、「幽玄の詞に『鬼拉の詞』を連ねると、とても見苦しいことだ」と言っています。ということは、**「鬼拉の詞」は「幽玄の詞」と相容れない詞**、つなげるとしなやかさが失われてしまう詞だということです。では、「幽玄」とは何でしょうか。「幽玄」は歌論用語としては、「言外に余情があり、味わいのつきないさま」を表す言葉です。「余情」は、「はっきりと表現されたもの」ではありませんから、**「鬼拉」ははっきりと表現されたもの**ということです。「はっきりと表現されたもの」と同義なのは、選択肢②「たいへん強い言葉」しかありません。よって、②**が正解**です。

解答 ②

問三 解釈

問一の傍線部**d**で解説したように、「心」と「詞」のどちらを優先させるかということについて論じていますので、**正解は**③**「心」**です。

解答 ③

問四 文学史

『毎月抄』が藤原定家の書いたものだということは、本文の最後に書いてありますので、その父が誰かという知識が必要です。定家の父は藤原俊成《しゅんぜい》。よって**正解は**①です。

解答 ①

12

関連メモ　藤原俊成・定家の著書や業績

藤原俊成＝『千載和歌集《せんざいわかしゅう》』の撰者。著書は歌論『古来風体抄《こらいふうていしょう》』。
藤原定家＝『新古今和歌集《しんこきんわかしゅう》』の撰者。著書は歌論『近代秀歌《きんだいしゅうか》』、日記『明月記《めいげつき》』。

問五　主旨

問二で第一段落の内容をまとめましたが、各段落の内容を改めて確認します。

第一段落 …歌における重要なことは詞の取捨選択である。しなやかで聞きにくくないように詞を続けて歌を作ることが重要である。

第二段落 …花と実を歌に当てはめて、「昔の歌は実があるが花がなく、今の歌は花があるが実がない」という意見に対して、「実」は「心」、「花」は「詞」のたとえで、昔の歌に心があり今の歌には心がない、とは必ずしも言えない。

第三段落 …「心」と「詞」のどちらを優先させるのではなく、「心」と「詞」を兼ね備えた歌が優れた歌であるが、心が欠けているよりは詞が拙い歌のほうがよい。

これを踏まえて選択肢を検討します。

① 歌においては、×詞の使い方が最優先されるため、何度も何度も案じ返し詠むのが重要であろう。
→「心」が二の次にされていることが×。

② 歌には、心も詞も等しく大事ではあるが、どちらをとるかといえば、心ということになるであろう。
→矛盾がない。

③ 歌というものは、×心はともかく詞の続けがらのよしあしによって勝劣は決まってしまうものと心得よ。
→「心」が一番重要だと言っている。

④ ×昔の歌は、実を重んじ花を忘れ、近代の歌は花ばかり追いかけて、実には目もかけないので劣る。
→第二段落の冒頭の「ある人」の考えだが、近代の歌が「劣る」との記述はない。筆者は、一旦はその考えに同意しながら、一概にそうは言えないと反論している。

よって、**正解は②「歌には、心も詞も等しく大事ではあるが、どちらをとるかといえば、心ということになるであろう。」**です。「詞」と「心」の両方を兼ね備えた歌が最上であるとし、「心の欠けた歌」よりも、「詞の拙い歌」のほうがよい、との結論です。冒頭で「詞の取捨選択が重要だ」としながら、結論としては、「心」がない歌は認められないということです。これは、

『古今集仮名序』にある、歌とは心を言葉にしたものだという定義に基づいた考え方です（**第１講**参照）。歌論は大なり小なり『古今集』の『仮名序』の影響を受けて書かれています。もう一度、『古今集仮名序』を確認しておいてください。

解答 ②

現代語訳

また、歌の大事は、詞の用捨にてはべるべし。詞につきて強弱大小候ふべし。それ
また、和歌において重要なことは、詞の取捨選択でございましょう。詞には強弱大小がございましょう。それ

をよくよく見**したため**て、強き詞をば一向にこれを続け、弱き詞をばまた一向にこれ
（＝詞の効果）をよく**認識して**、強い詞はそれだけを続け、弱い詞はそれだけを連ね、このように**考**

をつらね、かくのごとく**案じ**返し案じ返し、太み細みもなく、なびらか
え直し考え直し（工夫）して、太いところ、細いところ（の不調和）もなく、しなやかに聞

に聞きにくからぬやうによみなすが、極めて重事にてはべるなり。申さば、すべて詞
きにくくないように和歌を作るのが、たいへん重要でございます。申しますなら、それぞれの

に**あしき**もなく**よろしき**もあるべからず。ただ続けがらにて歌詞の勝劣はべるべし。
詞に**悪い**ものも**良い**ものもあるはずがない。ただ（詞の）続け方によって和歌の表現の上手下手があるので

幽玄の詞に鬼拉の詞などをつらねたらむは、いと見苦しからむにこそ。
しょう。**優美な幽玄**の詞に大変強い詞などをつなげたようなものは、とても見苦しいに違いありません。

重要語句

□したたむ【認む】①処理する。②準備する。③食べる。④書き記す。⑤きちんとする。⑥治める。支配する。⑦認識する。

□あんず【案ず】①考える。思いめぐらす。②心配する。

□あし【悪し】①悪い。②賤しい。③不快だ。

□よろし【宜し】①悪くない。まあよい。②並ひと通りで普通だ。

□いうげん【幽玄】①神秘的で奥深いさま。②深い趣のあること。

されば、「心を本として詞を取捨せよ。」とイ亡父卿も申し置きはべりし。

過去・体

だから、「心を根源として（それにふさわしい）詞を選びなさい。」と亡くなった父の卿〔＝藤原俊成〕も申し残しました。

ある人、花実のことを歌にたて申してはべるにとりて、「いにしへの歌はみな実を存して花を忘れ、近代の歌は花をのみ心にかけて実には目もかけぬから。」と申しためり。もつともさとおぼえはべるうへ、古今序にもその意はべるやらむ。

打消・体　完了（撥無）　推量・終　＊疑問（↓）　推量・体（↑）

ある人が、花と実との関係を和歌にあてはめ申しましたのによると、「古い時代の和歌はみな実ばかり（を大切にして）あって花を（おろそかにして）忘れ、最近の和歌は花ばかり気にして実には目もくれないが。」と申したようです。なるほどそのとおりと思われますうえ、『古今和歌集』の序文にもそのような趣旨のことが（述べて）あるでしょうか。

さるにつきて、なほこの下の了簡、C**愚**推をわづかにめぐらし見はべれば、心得べきことはべるにや。いはゆる実と申すは心、花と申すは詞なり。

断定・用　疑問（↓省）　断定・終

そのことについて、なおこれ以下の考えのように、**私の**推測を少しはたらかせてみますと、（和歌の花と実について）理解しておくべきことがございますでしょうか。いわゆる「実」と申しますのは「歌の心」、「花」と申しますのは「和歌の詞」（のたとえ）です。

必ず、いにしへの詞強く聞こゆるを、実と申すとは定めがたかるべし。古人の詠作にも、心なからむ歌をば実なき歌とぞ申すべき。今の人のよめらむにも、**うるはしく**正しからむをば実ある歌とぞ申しはべるべく候ふ。

婉曲・体　強意（↓）　当然・体（↑）　主格　婉曲・体　婉曲・体　強意（↓）　四補動・体（↑）

必ずしも、古い時代の詞が強く聞こえる詞を、実の歌〔＝心のある歌〕と申すとは決められないでしょう。昔の歌人の作品でも、心の（深まりの）ないような和歌のことは実のない歌と申すべきです。現代の歌人の詠んだような作品でも、**美しく**整っているようなものは実のある歌と申してよろしいでしょう。

□ぐ【愚】頭に置いて謙譲の意を表す。

□うるはし【美し・麗し】①整っている。きちんとしている。②立派だ。整って美しい。

＊やらむ…「にやあらむ」の転じたもの。

さて、「心を先にせよ。」と教ふれば、「詞を次にせよ。」と申すに似たり。「d詞をこ《強意(↓)》そ**詮**とすべけれ《当然・已(↑)》。」と言はば、また「心はなくとも。」と言ふにて《断定・用》はべり。所詮、心と詞とを兼ねたらむ《婉曲・体》を、よき歌と申すべし。心・詞の二つは、鳥の左右の翼のごとくなるべきに《断定・用》こそ《強意(↓省)》とぞ《強意(↓)》思うたまへ《下二補動・用・謙譲》はべりける《過去・体(↑)》。ただし、心・詞の二つを共に兼ねたらむ《婉曲・体》は**言ふに及ばず**、心の《主格》欠けたらむ《婉曲・体》よりは、e詞の《主格》**つたなき**に《断定・用》こそ《強意(↓)》はべらめ《推量・已(↑)》。

さて、「心を最優先にしなさい。」と教えると、「詞は二の次にしなさい。」と申すのに似ています。「詞をこそまず**眼目**とするべきだろう。」と言うなら、また「心はなくても（よい）。」と言っているということでございます。結局、心と詞とを両方兼ね備えたようなものを、よい和歌と申すべきです。（和歌の）心・詞の二つは、鳥の左右の翼のようであるはずだと存じます。ただし、心・詞の二つを両方兼ねていれば**言うまでもない**〔＝理想的だ〕が、〔両方が無理ならば〕心が欠けているような和歌よりは、詞の**拙い**歌のほうがよいでしょう。

〔出典：『歌論集』毎月抄　五〕

□せん【詮】①なすべき手段。②ききめ。③最も大事なところ。

□いふにおよばず【言ふに及ばず】言うまでもない。

□つたなし【拙し】①下手だ。おろかだ。②不運だ。

12

用言活用表

◆動詞活用表

種類	例語	語幹	未然形	連用形	終止形	連体形	已然形	命令形	ポイント
四段活用	書く	書	a か	i き	u く	u く	e け	e け	・「a・i・u・e」の四段で活用する。
上二段活用	起く	起	i き	i き	u く	uる くる	uれ くれ	iよ きよ	・「i・u」の二段で活用する。
下二段活用	受く	受	e け	e け	u く	uる くる	uれ くれ	eよ けよ	・「u・e」の二段で活用する。
上一段活用	見る	○	i み	i み	iる みる	iる みる	iれ みれ	iよ みよ	・「i」の一段で活用する。
下一段活用	蹴《け》る	○	け	け	ける	ける	けれ	けよ	・「蹴る」の一語のみ。
カ行変格活用	来《く》	○	こ	き	く	くる	くれ	こ こよ	・「来」の一語のみ。
サ行変格活用	す	○	せ	し	す	する	すれ	せよ	・「す」「おはす」のみ。「具す」などの複合動詞もある。
ナ行変格活用	死ぬ	死	な	に	ぬ	ぬる	ぬれ	ね	・「死ぬ」「往《い》(去《い》)ぬ」のみ。
ラ行変格活用	あり	あ	ら	り	り	る	れ	れ	・「あり」「をり」「侍《はべ》り」「いますがり」のみ。

◆形容詞活用表

種類	例語	語幹	未然形	連用形	終止形	連体形	已然形	命令形	「本活用」の後ろには助動詞以外の語がつく。「補助（カリ）活用」の後ろには助動詞がつく。
ク活用	高し	高	○	く	し	き	けれ	○	本活用
			から	かり	○	かる	○	かれ	補助（カリ）活用
シク活用	うつくし	うつく	○	しく	し	しき	しけれ	○	本活用
			しから	しかり	○	しかる	○	しかれ	補助（カリ）活用

◆形容動詞活用表

種類	例語	語幹	未然形	連用形	終止形	連体形	已然形	命令形
ナリ活用	あはれなり	あはれ	なら	なり に	なり	なる	なれ	なれ
タリ活用	漫々《まんまん》たり	漫々	たら	たり と	たり	たる	たれ	たれ

おもな助動詞活用表

接続	基本形	未然形	連用形	終止形	連体形	已然形	命令形	活用の型	おもな意味（訳）
未然形	る	れ	れ	る	るる	るれ	れよ	下二段型	①自発（自然と〜される・思わず〜してしまう）②可能（〜できる）③受身（〜される）④尊敬（〜なさる・お〜になる）
	らる	られ	られ	らる	らるる	らるれ	られよ		
	す	せ	せ	す	する	すれ	せよ	下二段型	①使役（〜させる）②尊敬（〜なさる・お〜になる）
	さす	させ	させ	さす	さする	さすれ	させよ		
	しむ	しめ	しめ	しむ	しむる	しむれ	しめよ		
	ず	○	ず	ず	ぬ	ね	○	特殊型	打消（〜ない）
		ざら	ざり	○	ざる	ざれ	ざれ		
	む（ん）	○	○	む	む	め	○	四段型	①推量（〜だろう）②意志（〜よう）③勧誘・適当（〜しないか・〜がよい）④仮定・婉曲（〜としたら・〜ような）
	むず（んず）	○	○	むず	むずる	むずれ	○	サ変型	
	まし	ましか（ませ）	○	まし	まし	ましか	○	特殊型	①反実仮想（もし〜としたら〜だろうに）②ためらいの意志（〜ようかしら）
	じ	○	○	じ	じ	じ	○	無変化型	①打消推量（〜ないだろう・〜まい）②打消意志（〜ないつもりだ・〜まい）
	まほし	○	まほしく	まほし	まほしき	まほしけれ	○	形容詞型	希望（〜たい）
		まほしから	まほしかり	○	まほしかる	○	○		
連用形	き	（せ）	○	き	し	しか	○	特殊型	過去（〜た）
	けり	（けら）	○	けり	ける	けれ	○	ラ変型	①過去（〜た・〜たそうだ）②詠嘆（〜たなあ）
	つ	て	て	つ	つる	つれ	てよ	下二段型	①完了（〜た・〜てしまった）②強意（きっと〜・必ず〜）
	ぬ	な	に	ぬ	ぬる	ぬれ	ね	ナ変型	

	たり	たら	たり	たり	たる	たれ	たれ	ラ変型	①存続（～ている・～てある） ②完了（～た・～てしまった）
	たし	○ / たから	たく / たかり	たし / ○	たき / たかる	たけれ / ○	○ / ○	形容詞型	希望（～たい・～てほしい）
	けむ（けん）	○	○	けむ	けむ	けめ	○	四段型	①過去推量（～ただろう） ②過去の原因推量（～たのだろう） ③過去の伝聞・婉曲（～たとかいう・～たような）
終止形（ラ変型には連体形接続）	らむ（らん）	○	○	らむ	らむ	らめ	○	四段型	①現在推量（今ごろ～ているだろう） ②現在の原因推量（～だろう） ③現在の伝聞・婉曲（～とかいう・～ような）
	めり	○	（めり）	めり	める	めれ	○	ラ変型	①推定（～ように見える） ②婉曲（～ようだ）
	らし	○	○	らし	らし	らし	○	無変化型	推定（～らしい）
	べし	○ / べから	べく / べかり	べし / ○	べき / べかる	べけれ / ○	○ / ○	形容詞型	①推量（～だろう） ②意志（～よう） ③可能（～できる） ④当然（～はずだ・～べきだ） ⑤命令（～せよ） ⑥適当（～がよい）
	まじ	○ / まじから	まじく / まじかり	まじ / ○	まじき / まじかる	まじけれ / ○	○ / ○	形容詞型	①打消推量（～ないだろう） ②打消意志（～ないつもりだ） ③不可能（～できない） ④打消当然（～はずがない） ⑤禁止（～してはいけない） ⑥不適当（～ないのがよい）
	なり	○	（なり）	なり	なる	なれ	○	ラ変型	①伝聞（～そうだ・～ということだ） ②推定（～が聞こえる・～ようだ）
連体形・体言	なり	なら	なり / に	なり	なる	なれ	なれ	形容動詞型	①断定（～だ・～である） ②存在（～にある・～にいる）
体言	たり	たら	たり / と	たり	たる	たれ	たれ	形容動詞型	断定（～だ・～である）
・連体形・体言 ・助詞「が」「の」	ごとし	（ごとく）	ごとく	ごとし	ごとき	○	○	形容詞型	①比況（～のようだ） ②例示（～ような・～など）
・サ変の未然形 ・四段の已然形	り	ら	り	り	る	れ	れ	ラ変型	①存続（～ている・～てある） ②完了（～た・～てしまった）

おもな助詞一覧

格助詞

語	意味（訳）	接続
の	主格（〜が） 連体格（〜の） 同格（〜で） 準体格〈体言の代用〉（〜のもの） 連用格（〜のように）	体言 連体形
が		
を	動作の対象・場所・時間（〜を）	
に	時間・場所・結果・原因・目的・ 〈受身・使役・比較の〉対象（〜に）	
へ	方向（〜へ）	体言
と	共同・変化・比較・並列・引用（〜と） 比喩（〜のように）	体言 連体形
より	比較（〜より） 起点（〜から） 経由（〜を通って） 手段・方法（〜で） 即時（〜とすぐに）	
にて	時・場所・原因・手段・状態（〜で）	
して	手段・方法（〜で） 使役の対象（〜に命じて） 動作の仲間（〜と）	体言

係助詞

語	意味（訳）	接続
は	他と区別して取り立てる（〜は）	種々の語
も	添加（〜もまた） 並列・列挙（〜も） 強意・感動（〜もまあ）	
ぞ	強意〔訳さなくてよい〕	
なむ		
こそ		
や（やは）	疑問（〜か） 反語（〜か、いや〜ない）	
か（かは）		

副助詞

語	意味（訳）	接続
だに	類推（〜さえ） 最小限の限定（せめて〜だけでも）	種々の語
すら	類推（〜さえ）	
さへ	添加（〜までも）	
のみ	限定（〜だけ） 強意（特に〜）	
ばかり	程度・範囲（〜くらい・〜ほど） 限定（〜だけ）	
まで	範囲・限度（〜まで） 程度（〜ほど）	
し しも	強意〔訳さなくてよい〕	

接続助詞

語	意味（訳）	接続
ば	順接仮定条件（もし〜ならば）	未然形
ば	順接確定条件 原因・理由（〜ので・〜から） 偶然条件（〜すると・〜したところ） 恒常条件（〜するといつも）	已然形
と とも	逆接仮定条件（たとえ〜ても）	動詞型の語の終止形 形容詞型の語の連用形
ど ども	逆接確定条件（〜が・〜けれども）	已然形
が	逆接確定条件（〜が・〜けれども） 単純接続（〜すると・〜したところ）	連体形
に を	逆接確定条件（〜が・〜けれども） 単純接続（〜すると・〜したところ） 順接確定条件（〜ので・〜から）	連体形
て して	単純接続（〜て）	連用形
で	打消の接続（〜しないで）	未然形
つつ	動作の反復・継続（〜しては、〜て） 動作の並行（〜ながら）	連用形
ながら	逆接確定条件（〜けれども） 動作の並行（〜ながら） 状態（〜のまま）	連用形 形容詞語幹 体言
ものの ものを ものから ものゆゑ	逆接確定条件（〜のに・〜けれども）	連体形

終助詞

語	意味（訳）	接続
ばや	自己の希望（〜したいなあ）	未然形
なむ	他者への願望（〜してほしい）	未然形
てしがな にしがな	自己の願望（〜したいものだなあ）	連用形
がな もがな	願望（〜があればなあ・〜がほしいなあ）	体言など
かし	念押し（〜よ・〜ね）	文末
な	禁止（〜するな）	終止形 （ラ変型には連体形に付く）
そ	「な〔副詞〕〜そ」の形で禁止（〜するな）	連用形 （カ変・サ変には未然形に付く）
か かな	感動（〜なあ）	体言 連体形
な	感動（〜なあ）	文末

間投助詞

語	意味（訳）	接続
や	感動（〜よ・〜なあ）	種々の語
よ	呼びかけ（〜よ）	種々の語
を	感動（〜よ・〜なあ）	種々の語

おもな敬語動詞一覧

●尊敬語

尊敬語の本動詞	現代語訳	普通の語
おはす おはします	いらっしゃる	あり 行く・来《く》
仰《おほ》す のたまふ のたまはす	おっしゃる	言ふ
思《おぼ》す 思し召す	お思いになる	思ふ
大殿《おほとの》ごもる	おやすみになる	寝《ぬ》・寝《い》ぬ
聞こし召す	お聞きになる 召し上がる お治めになる	聞く 食ふ・飲む 治む
御覧ず	ご覧になる	見る
奉《たてまつ》る	召し上がる お召しになる お乗りになる	食ふ・飲む 着る 乗る
給《たま》ふ（賜《たま》ふ） 賜《た》ぶ たまはす	お与えになる くださる	与ふ・授く
参る	召し上がる	食ふ・飲む
召す	お呼びになる お乗りになる 召し上がる お召しになる	呼ぶ 乗る 食ふ・飲む 着る

尊敬語の補助動詞	現代語訳
給ふ〔四段〕 おはす おはします	お～になる・～なさる

謙譲語

謙譲語の本動詞	現代語訳	普通の語
承る	お聞きする・お受けする	聞く・受く
存ず	存じる	思ふ・知る
侍《はべ》り 候《さぶら》ふ・候《さうら》ふ	お仕えする 伺候する おそばに控え申し上げる	あり・をり・仕ふ
参る・まうづ	参上する	行く・来《く》
まかる・まかづ	退出する	
参る・参らす・奉る	差し上げる	与ふ
賜《たまは》る	いただく	受く
仕《つか》うまつる・仕《つかまつ》る	お仕えする いたす	仕ふ す
申す・聞こゆ・聞こえさす 奏《そう》す 啓《けい》す	申し上げる （帝・院に）申し上げる （中宮・皇太子に）申し上げる	言ふ

謙譲語の補助動詞	現代語訳
奉る 参らす 聞こゆ 申す	お〜申し上げる・お〜する・ 〜てさし上げる
給ふ〔下二段〕	〜しております・〜ます

丁寧語

丁寧語の本動詞	現代語訳	普通の語
侍《はべ》り 候《さぶら》ふ・候《さうら》ふ	あります・ございます	あり・をり

丁寧語の補助動詞	現代語訳
侍り 候《さぶら》ふ・候《さうら》ふ	〜ございます・〜です・〜ます

編集協力　福岡千穂／（株）友人社／そらみつ企画／渡井由紀子
装丁デザイン　（株）ライトパブリシティ　糟谷航太
本文デザイン　イイタカデザイン

大学入試　全レベル問題集　古文　③私大標準レベル（本冊）　S0e087